The New One-Page Project Manager: Communicate and Manage Any Project With a Single Sheet of Paper by Clark A. Campbell and Mick Campbell
ISBN:9781118378373
Copyright © 2013 by Clark Campbell and Mick Campbell. All Rights Reserved.
This translation published under license with the original publisher John Wiley & Sons, Inc. Copies of this book sold without a Wiley sticker on the cover are unauthorized and illegal.
Simplified Chinese translation edition copyrights ©2025 by Publishing House of Electronics Industry Co., Ltd.

本书中文简体字版经由John Wiley & Sons, Inc. 授权电子工业出版社独家出版发行。未经书面许可，不得以任何方式抄袭、复制或节录本书中的任何内容。若此书出售时封面没有Wiley 的标签，则此书是未经授权且非法的。

版权贸易合同登记号　图字：01-2024-6413

图书在版编目（CIP）数据

一页纸项目管理 ： 项目成功的简洁之道 ／（美）克拉克·坎贝尔（Clark A. Campbell），（美）迈克·坎贝尔（Mick Campbell）著 ；高志恒译. -- 北京 ： 电子工业出版社， 2025. 6. --（项目管理核心资源库）.
ISBN 978-7-121-50293-4
Ⅰ . F224.5
中国国家版本馆 CIP 数据核字第 2025UM5091 号

责任编辑：袁桂春
印　　刷：天津嘉恒印务有限公司
装　　订：天津嘉恒印务有限公司
出版发行：电子工业出版社
　　　　　北京市海淀区万寿路173信箱　　邮编100036
开　　本：880×1230　　1/32　印张：7.125　　字数：160千字
版　　次：2025年6月第1版
印　　次：2025年6月第1次印刷
定　　价：79.00元

凡所购买电子工业出版社图书有缺损问题，请向购买书店调换。若书店售缺，请与本社发行部联系，联系及邮购电话：（010）88254888，88258888。

质量投诉请发邮件至zlts@phei.com.cn，盗版侵权举报请发邮件至dbqq@phei.com.cn。

本书咨询联系方式：（010）88254199，sjb@phei.com.cn。

项目管理核心资源库

一页纸项目管理

项目成功的简洁之道

The New One-Page
Project Manager

Communicate and Manage Any Project
With a Single Sheet of Paper

[美] 克拉克·坎贝尔（Clark A. Campbell）
迈克·坎贝尔（Mick Campbell） 著

高志恒 译

电子工业出版社
Publishing House of Electronics Industry
北京·BEIJING

赞誉

随着项目复杂度的提高，传统项目管理方法论也日趋繁复，由此带来了管理成本上升和效率下降的双重困境。如今，国内各领域，从微观的项目管理到宏观的组织治理，乃至国家治理，均呈现明显的"简约化"趋势。在这一背景下，本书所述的"一页纸项目管理"方法以其化繁为简的理念脱颖而出，是复杂项目管理方法论中的一股清流，更是摆脱复杂管理的"利器"。它用一页纸整合了项目的关键要素及其状态，清晰呈现了项目的全局图景。"一页纸项目管理"既是一种创新的管理工具，更是简约化管理思想的具体实践。对于每位追求高效管理的专业人士来说，本书都值得仔细研读。

——强茂山 教授
清华大学博导、中国管理科学学会项目管理专业委员会主任

OPPM是我管理工具箱中不可或缺的一部分。OPPM能够完整且高效地传达项目计划及其进展表现，从而提高项目的可见性和协作性，这对成功的项目管理至关重要。

——迈克尔·O. 维特（Michael O. Leavitt）
Leavitt Partners主席、
美国卫生与公众服务部部长（2005—2009年）

在管理复杂、互相关联的流程时，从模糊中创造清晰是优秀项目管理的核心。OPPM是帮助实现这一目标的极好工具。

——克里斯·利德尔（Chris Liddell）

微软前首席财务官、通用汽车公司副董事长兼首席财务官

作为德勤的首席执行官，无论是在德勤还是在我们的客户那里，我监督了无数的项目。成功的变革计划需要清晰的愿景、强有力的领导、有意义的里程碑、专注的执行力和明确的问责制。克拉克·坎贝尔通过OPPM成功地将这些关键的成功要素整合在了一页纸上。项目成功与失败的区别往往在于执行力，OPPM可以作为强有力的项目管理工具，显著提高成功的可能性。

——詹姆斯·H.奎格利（James H. Quigley）

德勤名誉首席执行官

虽然乍一看，这本书似乎只是关于如何开发一个用于跟踪重要项目的仪表盘，但我们很快就会发现它远不止如此。经验丰富且出色的项目领导者克拉克·坎贝尔所提出的方法提供了一种经过验证的项目管理流程，这显著提高了项目按时、按预算、按目标完成的可能性。此外，它还提供了一系列简单而有力的步骤，确保那些有能力和责任实现预期结果的人能够得到支持、指导并专注于其工作。这种方法对于希望学习并应用有

效项目领导技能和工具的学生和从业者特别有用。

——史蒂文·C. 惠尔赖特（Steven C. Wheelwright）

博士，哈佛商学院贝克基金会教授、副院长

这本书的简洁性令人印象深刻，同时又具有普遍适用性。2003年，克拉克·坎贝尔先生首次在北京讲学，OPPM开始在中国传播，为中国的项目经理提供帮助。OPPM易于学习和使用，而且其清晰的沟通能力令人印象深刻。每一位想要提高项目绩效、准确讲述项目故事并高效执行项目的经理都应阅读此书。

——杜豪（Jonathan H. Du）

博士，北京中智源培训有限责任公司首席执行官兼董事长

全面精益管理需要精益沟通，而OPPM正是一个精益沟通的工具。O. C. Tanner是获得新乡奖的位于北美精益企业前3%的一家公司。该公司将OPPM与丰田的A3报告相结合，展现了一种独特的持续改进模式，在某些方面展示了其如何执行战略以实现市场主导地位和盈利的增长。

——罗斯·E. 罗布森（Ross E. Robson）

博士，DNR Lean LLC总裁，新乡奖战略

创始人兼执行董事（已退休）

OPPM不仅仅适用于庞大的且与产品相关的任务。OPPM是一种组织思维方式，帮助人们应对未来的任务，识别哪些目标值得投入时间和资源，并以简单且可衡量的方式加以描述。无论是组建一支小联盟球队还是建造一个球场，OPPM都很有用。只要明白了OPPM，它就能帮助你规划任何重要的任务。

——迈克尔·J. 威尔金斯（Michael J. Wilkins）

犹他州最高法院法官（已退休）

推荐序

本书所述的"一页纸项目管理"是一个非常实用的工具，也是我向项目管理从业者持续推荐的工具。在信息爆炸的时代，许多团队往往陷入冗长文档和复杂流程的泥潭，而本书运用极简思维破解了项目管理中最本质的挑战——如何将目标、任务、责任人、进度等核心要素系统化地浓缩到一张A4纸上。

根据光环国际的学员反馈，在使用该工具后，项目启动周期平均缩短40%，跨部门沟通效率提升60%。有不少学员因在团队中应用"一页纸项目管理"工具而获得管理层的赞赏甚至获得升迁。更有学员凭借"一页纸项目管理"工具从甲方成功获得价值千万元的项目订单。本书提供的12个模块化模板不仅经验证可适配敏捷开发、产品迭代等多种业务场景，而且其可视化的呈现方式还能实现项目风险的提前识别。

当你的项目报告能让决策者在3秒内抓住重点、让客户一眼看懂核心价值时，本书已然成为职场晋升的加速器。

——张泽晖

光环国际董事长兼CEO

译者序

哈罗德·科兹纳在他的著作《项目管理：计划、进度和控制的系统方法》一书中提到，项目经理有90%以上的时间都在做沟通。没错，沟通永远是项目管理最重要的主题之一。我在实际管理项目时也深刻地体会到了这一点：优秀的项目经理需要做好随时参加电话会议的准备，需要做好随时与团队沟通项目问题的准备，需要做好随时与干系人汇报项目的准备。

在当今快节奏的商业环境中，项目管理已经变得越来越复杂，项目经理在管理项目的过程中需要进行大量的沟通。想象一下，你坐在会议室里与团队就某个卡住进度的技术问题进行沟通；你突然接到一个电话，客户劈头盖脸地对你进行一顿莫名其妙的输出；你在办公桌面前，对着网络会议软件中的Excel表格指指点点，网络对面的人们连基本的问题都描述不清楚。

我记得多年前，我的领导和我讲过让我终身受益的一段话："一个项目报告，在你这里可能是厚厚的项目文字报告；到了经理那里，就应该是相对简洁的配合图表的几页纸；到了总监那里，报告不要超过一页A4纸；而到了老板那里，可能就只有口述的两句话了。"

沟通需要更加高效和简洁，这是毋庸置疑的。这本书旨在为读者提供一种全新的视角，将项目管理的核心内容浓缩在一页纸上，从而简化流程、提高效率。这正是项目经理所渴望的、简洁而具备足够信息的沟通工具。

本书的核心内容是将项目管理的关键要素以一种直观、简洁的方式呈现出来。我们相信，通过一页纸项目管理（One-Page Project Manager，OPPM），可以确保团队成员对项目目标、计划、进度和责任有清晰的认识，从而减少误解和沟通障碍。

翻译的过程也是学习的过程。我在翻译此书时，足足画了57张图表！画完这些图表，我对OPPM有了更多的认识。在这些图表中，每个元素都代表了项目干系人最想了解的信息，OPPM将这些信息可视化，以易于理解的方式进行构建。我能想象，如果一家公司的项目管理办公室以标准化的方式推行OPPM，那么这家公司的沟通效率将得到极大的提升。

在本书翻译的过程中，我得到了很多人的帮助。感谢电子工业出版社卢小雷老师的倾力支持与理解，感谢光环国际任倩老师的大力举荐，让我有机会翻译这本影响力巨大的著作。同时，也感谢我的家人刘勋对我翻译工作的支持，家人永远是支持我不断前进的后盾。

高志恒

序

　　你手中的这本书既是创新经济的一个关键工具，也是创新经济的一个象征。

　　21世纪工作的特点是在快速、可视化的场景中不断演进。这种快速演进意味着我们会被各种各样的项目包围。有些项目规模巨大，如新型商用飞机。但项目激增更多的是因为小型项目的大幅增加，如在手术室实施标准化流程、为酒庄进行促销活动，或者为一项成长中的业务开设新办公室。变革速度加快和项目数量增加有很多原因，我们周围的大量证据表明，项目数量的激增已经是事实。

　　项目往往会引起混乱。项目的定义是为创造独特的产品、服务或成果而进行的临时性工作。按照这个定义，从本质上讲，每个项目都包含一定的探索成分，即做一些以前完全未做过的事情。每个项目都与上一个项目不同。20世纪的我们更专注于持续的过程改进，如完善我们汽车制造流程或银行贷款处理流程，直到消除所有低效活动和次品。管理单个项目可能不会造成混乱，但随着项目数量的激增，我们会发现自己一直在疲于处理越来越多的与多样化任务、目标和资源相关的一系列工作。

20世纪90年代出现了项目驱动型工作。在那十年里，项目管理学科从原来只应用于建筑和国防工业，扩展到了所有营利性组织、非营利性组织和政府组织。随之而来的是培训、方法论、软件和认证的爆炸式增长，所有这些都旨在应对管理越来越多的项目时日益增加的复杂性。

管理复杂项目的方法本身也变得同样复杂。组织会成立项目管理办公室（Project Management Office，PMO）并配备经验丰富的项目经理。而企业中的项目管理软件可以将项目管理信息化，把混乱的项目纳入一个通用的框架和数据库中。企业引入的所有这些方法和框架都会导致我们疲于应对混乱的工作，然后还要处理更多和更大的项目。

然而，在向更大、更复杂的项目管理方向发展的过程中出现了两个重要趋势。第一个重要趋势是敏捷软件开发方法，它打破了僵化和控制的范式，因为人们意识到管理框架既减缓了项目的速度，也降低了软件的质量和实用性。在不到十年的时间里，敏捷方法不仅在软件和信息技术行业中得到应用，还在探索和快速学习类型的其他项目中得到了广泛的应用。敏捷承认项目的复杂性，并把原则和技术运用于复杂性，目的是与复杂性共存，而非征服复杂性。

摆脱复杂项目管理的第二个重要趋势，就是本书所写的内容：OPPM。OPPM也承认项目规模增大和复杂性增加的事实，但OPPM认为要有效地管理它们，必须抓住重点，简化复杂性。

使用OPPM，我们可以同时关注项目绩效的几个关键维度，从而形成足够的理解，以便做出正确的决策。

我们如何仅用一页纸上的信息来管理一个大型项目？即使简单的项目管理方法，也需要半打文件。但这就是OPPM的魔力和价值所在。项目管理已经是一门由图形技术支撑的学科，不仅因为"一图胜千言"，还因为图形可能是真正整合和概括这些文字含义的唯一方式。OPPM将整合和概括提升到了一个新的高度。

在项目管理领域从事教学和咨询的20多年间，我与团队在Versatile公司工作，并与各行各业成千上万名项目经理开展过合作，如医疗保健、教育、航空航天和政府部门。在这段时间里，我更重视项目实践而非理论。我特别专注于使用最小的管理成本产生最大的生产效益，所以我很自然地对OPPM表示赞赏。当然，我开始也持怀疑态度，所以我在接受它时很谨慎。对于如何在评估项目和有效管理的过程中投入最小化，我制定了自己的经验法则，并将它们发表在我的畅销书《MBA速成教程：项目管理》（第4版）（*The Fast Forward MBA in Project Management, 4th Edition*）中，称为"五个项目成功因素"。以这五个因素的视角来看待OPPM，我们会发现OPPM的方法与这五个因素高度一致。

1. 项目团队、客户、项目管理目标协调一致。OPPM在页面顶部清晰、简洁地陈述了项目目标，并在左侧列出了子目标。这些共同为关键干系人提供了明确的项目目标和范围。

2. 一个显示整体路径和明确职责的计划可以在项目进行过程中衡量进度。这可能是OPPM的最大优势——整合和概括项目计划和任务状态的细节，有助于我们对计划和进度的深层理解。

3. 受控的范围。范围失控会对项目进度和成本产生重大影响。范围失控意味着我们不自觉地添加项目任务和目标，这会导致成本超支和进度延迟。使用OPPM，我们可以清晰地知道我们的主要任务是什么，我们将何时完成重要的里程碑，以及我们的预算是多少。范围的潜在蔓延将在OPPM中第一时间变得可见，以便让项目经理和项目负责人能够控制这些变化。

4. 管理层的支持。每个项目都需要管理层的支持。项目经理和团队本身没有足够的权力来完成项目。一个经典的问题是如何让忙碌的高管基于准确的项目信息参与进来。这正是OPPM的初衷：创建一个单独的、有意义的项目仪表盘，使负责多个项目的高管能够参与进来。

5. 项目所有参与者之间持续、有效的沟通。这是OPPM的核心。

令人惊讶的是，OPPM是由几位项目管理实践者发明的，克拉克·坎贝尔是其中很特别的一位。在项目管理的世界中，几乎所有其他的方法和技术都很难找到一个单一的发明者，因为大多数方法和技术是从成百上千个项目的实践中演变而来的。但有一个例外是亨利·甘特（Henry Gantt），他在一个世纪前提出了现在应用广泛的甘特图。像甘特一样，克拉克·坎贝尔和他的同事们发明了用于项目报告的这个新的图表,并通过不断地使用来完善其设计。

本书于2007年首次出版,通过收集大量的读者反馈,推出了新版本。新版本中的OPPM还包括对敏捷项目的改进。

在以快速演进和项目众多为特征的创新经济中,项目管理变得越来越重要。我们需要意识到,我们既需要复杂的项目管理方法,也需要简单的项目管理方法。克拉克·坎贝尔非常清楚OPPM并不能取代复杂的项目管理方法。OPPM为经验丰富、有专业技能的职业项目经理与拥有项目所需专业知识的项目干系人之间建立了沟通的桥梁。

我祝贺克拉克首创了这一及时管理和沟通的工具。它适应了在这个复杂多变的时代对领导力的需求。

埃里克·韦如(Eric Verzuh)

PMP、Versatile公司总裁

前言

17年前，我们这个不大的项目团队在辛辛那提机场等待延误的航班时草拟了OPPM的雏形。公司总裁要求我们找到一种方法，将必要的项目组件集中起来，体现在标准的X图上，然后使用一页纸向他汇报。

这听起来似乎是不可能的。给高层管理者的项目报告通常多达几十页，所以我们当然希望找到消除非增值工作的新方法。因此，我们精心设计了第一个OPPM文件，并在一个价值1000万美元的自动化存储和分销仓库的设计与建造项目中使用，我们使用这个文件制订项目计划并沟通项目进展。在接下来的10年里，我们使用OPPM来沟通各种规模的项目的进展，同时还实际管理了一些小型项目。

从我创作《一页纸项目管理》以来，已经过去了多年，很多项目管理人员与对项目管理感兴趣的实践者都分享了OPPM的模板和方法。自本书首次出版以来，我在犹他大学和盐湖城的威斯敏斯特学院教授项目管理，并与《财富》500强公司合作，同时在美国和其他国家举办各种研讨会。之后，我又创作了两本书——《一页纸IT项目管理：大道至简的实用管理沟通工具》（*The One-Page Project Manager for IT Projects: Communicate and Manage Any Project With a Single Sheet Paper*）和《一页纸项目管理执行手册：用一页纸推动战略和解决问题》（*The One-Page Project Manager for Execution: Drive Strategy and Solve Problems With a Single Sheet Paper*），这两本书由我和在坦纳（O.C.Tanner）公司及威斯敏斯特大学的同事迈克·柯林斯（Mike Collins）合著。

另一个重大变化是，在30年后，我退休离开了坦纳公司，并与我的儿子迈克一起创立了一页纸项目管理国际公司（OPPMi公司）。OPPMi公司提供基于网络的项目管理工具，并在全球范围内就传统项目管理和敏捷项目管理及如何使用OPPM提供咨询、培训和演讲。与成千上万人互动极大地加深了我们对项目经理每天面临的沟通问题的理解，以及对OPPM如何成为解决方案的一部分的认识。

OPPM的系列图书已经被翻译成7种语言，发行量超过10万册，并获得了大量的读者反馈。读者讲述了许多关于他们使用OPPM的故事和收获，以及将这个工具纳入他们的项目管理流程时遇到的挑战。从他们的反馈中，我们学到了很多东西，衷心感谢他们的反馈。

读者与用户反馈[1]

OPPM为我带来了宝贵的收益，它让我和我的公司更高效。迈克和克拉克的课程非常有趣，也非常有价值，我强烈推荐！

——E. 麦卡斯兰德（E. McCasland）

Dell Telephone Cooperative公司

结合这些反馈和经验，我们决定不称本书为第2版，而是重新命名为《一页纸项目管理：项目成功的简洁之道》。它的"新"体现在两个方面：更新和扩展。它是第一本书的更新版，将第二本和第三本书中的一些内容融入了第一本书，并且在数量和范围上都有所扩展。从数量上看，本书新增了一些模板和图示。从范围上看，本书探讨了敏捷OPPM，引用了项目管理知识体系指南（PMBOK）的内容，覆盖了OPPM在营销方面的应用，展示了OPPM如何与当前的沟通研究相一致，最后——所有的模板都是彩色的！

70年的经验

1962年1月，当我还是一个12岁的初中生时，我父亲在睡梦中去世。我母亲在政府部门担任秘书，随后承担起抚养我和一个弟弟、两个妹妹的责任。

1　迈克收集的这些反馈来自读者和用户，他们有的读过本书，有的参加过讲座，有的用过OPPM。

为了不让我惹是生非，母亲分配给我一个"项目"，在我们家未完工的地下室里工作。当然，我对木工、电力、水暖或任何项目管理方法知之甚少。

幸运的是，我们住在一个有很多主题专家（Subject Matter Experts，SME）的社区，尽管我们当时并不这么称呼他们。一个邻居经营一家建筑材料公司，另一个是电工，还有一个是水暖空调工程师。我只能请求他们提供一些必要的帮助，但大部分工作必须由我自己完成。作为一个十几岁的少年，我不知道自己已经得到了最珍贵的礼物。从我早年经历的一次次失败中，我学到了关于项目管理的许多基础知识，也萌生了对项目管理的强烈兴趣。

当我写本书时，我已经63岁了。半个世纪以来，我遇到的几乎每个职业责任和任务安排都需要以某种形式通过项目管理来完成。

无论是作为校园报纸的学生出版人，还是作为学生会主席，我始终对项目保持强烈的兴趣。在伦敦的两年时间里，我沉迷于修订和发布关于志愿者服务的报告。作为政府经济分析师，我的任务是以项目形式展开的。我的第一份正式工作是作为一个年轻的工商管理硕士担任化学工程师，负责杜邦公司的凯夫拉（Kevlar）商业推广项目。杜邦公司致力于通过各种图表进行沟通，因此我学会了数据的可视化展示。1979年，我加入了坦纳公司，管理十几个内部咨询的项目。在接下来的日子里，我继续指导项目直到退休，在这期间我担任首席项目官和高级副总裁。

迈克是我在OPPMi公司的合作伙伴，我们一起在2008年创建了这家公司。敏捷方法、信息技术是他在攻读硕士学位期间关注的内容，后来他在一家中型电信公司担任副总裁时也负责这些内容。因此38岁的他拥有20年的管理传统项目和敏捷项目的相关经验。他拥有思科（Cisco）认证和对精益及敏捷项目管理的洞察，再加上他对项目管理知识体系指南（PMBOK）的理解，我们一起完善并充实了本书的内容、工具和技术。

读者与用户反馈

这是一个非常棒的学习平台。阅读迈克·坎贝尔和克拉克·坎贝尔提供的这些资料，我非常兴奋。我非常荣幸在现场聆听了这对父子讲述OPPM，没有什么比这更美妙的了。迈克和克拉克拥有的丰富经验和工作知识绝对是无价之宝。

——J. 芬顿-西姆斯（J. Fenton-Sims）

好事达保险（Allstate）

项目管理简史

微软Office网站指出，在19世纪后半叶，项目管理方法论的基础理论主要来源于大规模的政府项目。现代项目管理可以追溯到20世纪50年代和60年代。

在项目管理现代历史的早期，项目管理方法主要是进度计划和计划评审技术（Program Evaluation and Review Technique，PERT）。建筑、工程、国防和航空航天领域推动了更正式的方法，Primavera（现在属于甲骨文公司）在1983年推出了其项目管理工具。IT项目最开始使用的是微软公司在1990年发布的Project软件。

敏捷项目管理出现得更晚一些。约翰·C. 古德帕斯丘（John C. Goodpasture）在其出版的《敏捷项目管理》（*Project Management the Agile Way*）中表示，敏捷项目管理始于20世纪80年代的日本，用于产品开发行业，旨在解决新产品总是达不到预期的问题。2001年，一群使用敏捷开发方法的项目管理思想家在犹他州的雪鸟滑雪场聚集，试图在各种不同的非传统方法之间找到共同点，并构建了一个名为"敏捷宣言"的框架。随后敏捷原则和敏捷联盟也诞生了。

如今，项目管理是一门学科、一项商业活动、一种战略——实际上，它更是一种职业。对项目管理工具的日益增长的需求推动了各种软件、方法论和应用的发展，每一种都在试图帮助项目经理追求项目成功。有些出版物和网站专门探讨项目管理相关的主题。将专门介绍项目管理的图书放在一起，已经可以装满一个小型图书馆。很多培训机构、认证机构和研讨会专门关注项目管理这个主题。如今通过谷歌可以搜出超过2亿条项目管理相关条目。许多大学提供项目管理硕士学位，有一些提供博士学位。原本基于特定目的创建的专题和技能集，如今已经发展成为一个重要的行业、专业和学术研究课题。

目录

The New One–Page Project Manager

第1章

简化的必要性与可视化的力量

没有任何一个项目经理会否认简化的必要性，或者否认"一图胜千言"的说法。

难点在于我们试图找到那个难以把握的平衡点，既不过于简单也不过于复杂，并实现恰到好处的视觉效果。

对项目经理来说，"细节综合征"严重妨碍了这一追求。每个人都或多或少地患有"细节综合征"。我们能够成为成功的项目经理，在很大程度上是因为我们了解并专注于细节，我们管理和驾驭细节，我们不断思考细节。我们知道哪些细节对于项目的成功至关重要，我们希望管理层能够认识到项目的复杂性并认可我们的所有努力。

然而，我们在尝试沟通时往往会包含太多细节。在继续之前，让我明确一点：对细节的关注和管理确实是成功项目管理所必需的，但它会给项目沟通带来混乱，并降低沟通的清晰度。

是的，毫无争议的是，即使感觉违反直觉，我们也应该简化沟通。那么，我们如何知道多少是太多呢？迈克将这种探索称为"认真简化"。

爱德华·R. 塔夫特（Edward R. Tufte）是耶鲁大学的名誉教授，他教授统计证据和信息设计课程。在他的著作《定量信息的视觉展示》（第2版）（*The Visual Display of Quantitative Information, 2nd Edition*）中，他说："通常，描述、探索和总结一组数字，甚至非常大的一组数字，最有效的方法是查看带有这些数字的图片。此外，在分析和交流统计信息的所有方法中，设计良好的数据图形通常是最简单且最强大的。"

据说，爱因斯坦曾说过："一切都应该尽可能简单，但不要过于简单。"

指导原则

在可行的前提下尽可能简单。

"可行的"（Practicable）这个词在这里用得恰到好处。真正的简单不是尽可能简单，而是在可行的前提下尽可能简单。"可行的"这个词源于中世纪拉丁语（Practicabilis，意为"可以使用的"）和希腊语（Praktikos，意为"适合行动的"）。它的同义词有可实现的（Achievable）、可达到的（Attainable）、可实行的（Feasible）和可执行的（Executable）。

项目管理资源集团（Project Management Resource Group）举办过一个"美国知名项目管理畅销书作家"系列活动，我有幸在此活动中与其他作者一起旅行和演讲。我们团队的一位成员，迈克尔·J. 坎宁安（Michael J. Cunningham），哈佛计算集团（Harvard Computing Group）的总裁和创始人，在他的书《有始有终：确保项目按时按预算交付的10种可靠方法》（*Finish What You Start: 10 Surefire Ways to Deliver Your Projects On Time and On Budget*）中写道："大规模项目管理最复杂的问题之一是将正在发生的事情可视化。沟通可能会耗时，可能不会产生立竿见影的效果，但相信我，沟通是最重要的。"

手表为项目管理提供了非常恰当的可视化隐喻。图1.1展示了瑞士制造的江诗丹顿手表优雅的透明表盘，这个表盘既显示了时间，也展示了内部的齿轮运动。一切都在以完美的方式协调地工作，以确定、传达和保持正确的时间。

图1.1 可见内部运转状态的手表

项目经理如同手表工匠，对每个齿轮、弹簧、连杆、宝石轴承和机械装置都了如指掌。但手表的主要目的不是展示其内部运作原理，而是简单地显示时间（见图1.2）。

图1.2 简单的手表

项目经理倾向于用大量的文字和图表来沟通项目状态，就像用图1.1中的手表来显示时间。项目经理这么做是因为：

1. 我们患有"细节综合征"。"我们是手表工匠。"

2. 我们认为,展示项目的"内部运作原理"可以让我们的结论更具可信度。"你可以看到为什么这只手表可以完美地显示时间。"

3. 我们完全熟悉所有细节及其相互关系。"在工作中使用手表并观察手表的内部运作原理,我们会感到满足。"

4. 我们希望别人知道我们知道的,并且知道我们知道。"看看这只手表有多复杂,是我们制造的。"

5. 当你询问细节时,我们会通过这个细节揭示更多细节。"因为你询问了日期,我相信你也会对日期所在的星期、月份、月相及其他信息感兴趣。"

6. 我们非常了解项目状态,因此没有意识到注意力被这些细节分散了。"我很清楚现在是几点。"

7. 有些老板想要知道所有的细节。挑剔的顾客当然愿意购买图1.1中那样的手表。

《时代》杂志的资深作者杰弗里·克鲁杰(Jeffrey Kluger)在他的畅销书《化繁为简:为什么简单的事情会复杂化?》(*Simplexity: Why Simple Things Become Complex*)中写道:"正如任何科学家都会告诉你的,复杂性是一个棘手的概念。看似复杂的事情可能是非常简单的;看似简单的事情可能是非常复杂的。对于复杂还是简单的判断,我们经常会失误。"

读者与用户反馈

OPPM方法对于简化项目状态报告有巨大的价值。状态报告展现了项目的整体情况，而不是简单地显示出我们在哪、下一步要做什么。

——C. 伯恩赛德（C. Bmnside）

联邦应急管理局（FEMA）

OPPM要求项目经理以充分且有效的方式进行沟通。因此沟通需要恰到好处，不多不少。拿手表打比方，OPPM是手表的表盘部分，而不是手表的内部机械部分。干系人通常对项目的运作原理（工作分解结构的细节、财务细节、全面任务依赖关系的细节）不感兴趣，他们只想了解项目在进度、任务、成本、质量、风险和可交付物方面的关键信息。

观察OPPM如何成为一种有效的沟通工具，是一件令人着迷的事情。我们发现，即使完全不了解OPPM的人，也不需要进行太多培训就能掌握它，如同一个刚学会看时间的孩子能看懂手表一样容易。如图1.2所示，手表就是用来显示时间的。而OPPM就是用来简单、直观地汇报项目状态的。

多年来，迈克和我在欧洲、亚洲、加拿大、加勒比地区和美国许多大城市举办了OPPM的培训课程。在开始培训前，我们会把OPPM的样图提前分发给成千上万的参与者。一般情况下，他们仅需要几分钟的学习就能理解其中的大部分内容。对那些不太容易理解的少部分内容，只需最多15分钟的解释说明，这些项目经理就可以阅读和理解整个OPPM。如果你想看到一个简化沟通的例子，我想我可以毫不自夸地说，去看看OPPM吧。

> **读者与用户反馈**
>
> 我以前听说过OPPM，但在当时并不认为对我有所帮助。直到后来亲眼看到它是如何创建的，我才知道它是一个非常有用的工具，可以用来跟踪和沟通项目状态。
>
> ——D. 哈林顿（D. Harrington）
>
> ELCAN光学技术公司

约瑟夫·布拉克特（Joseph Brackett）在1848年创作了一首诗歌，它的开头是这样的："这是一份简单的礼物，这是一份随手可得的礼物，这是一份镌刻在我们宿命当中的礼物。"对于那些在项目管理过程中疲于沟通的人来说，OPPM就是"简单的礼物"。

记住爱因斯坦说过的话，只有足够简单，它才是一份礼物。OPPM之所以简单有力，是因为它包括了以下几点：

1. 项目的五个基本组成部分（任务、目标、时间线、成本和负责人），再加上风险和质量。

2. 各个部分彼此联系、相互协调。

3. 清晰、高效、准确地体现计划和执行。

4. 对现有功能强大的项目管理工具进行补充，而非取代。

5. 直观的图表，且易于创建和维护。

> **读者与用户反馈**
>
> 学习OPPM是最有价值的事情。我一直在寻找简单易用的沟通技巧。这对于更加关注沟通并保持简单的人来说是非常有价值的。
>
> ——K. 格雷（K.Gray）
>
> 美国凯创（Enterasys）

可视化的力量

OPPM的力量来自其对图形的使用。事实上图形化的使用并不新鲜。那些足够年长、在20世纪80年代和90年代早期使用个人电脑的人，都记得电脑的操作方式。当时最常用的操作系统叫作DOS（有IBM和微软两个版本），这个系统要求用户输入神秘的代码指令。例如，指令"backup C:\OPPM*.* D: /s"告诉电脑"将C盘驱动器上的OPPM目录下的所有文件和子目录备份到D盘"。

玛格丽特·J. 惠特利（Margaret J. Wheatley）教授在她的书《领导力与新科学》（*Leadership and the New Science:Discovering Order in a Chaotic World*）中得出结论："我们与自然系统都共同对简单保持渴望。"

今天电脑使用的图形用户界面，通常被称为GUI（Graphical User Interface），用户通过单击鼠标或用手指轻触

"保存"图标（一个图形）就可以将文件保存到用户想要保存的设备上。例如，在苹果的iTunes中，要将音乐库中的一首歌曲保存到另一个位置，如播放列表，只需单击歌曲并将其拖放到所需的播放列表中，无须输入，无须文字。以上便是针对图形拖放的案例描述。

OPPM之所以能够以简单和清晰的方式进行沟通，是因为它像电脑一样，使用图表这些直观的方式展示信息。这些视觉表达通常具有惊人的力量，能够快速、准确、清晰地传达大量信息。在孩子学会说话和阅读之前，他们就能识别像图画和照片这样的视觉图像。对人类来说，理解视觉表达似乎是一种天生的能力。

没有人会仅用文字来描述一个国家或地区的概况和特征，因为地图更有效、更清晰。当人们想要向朋友和家人讲述自己的冒险经历时，大多数人对照片和视频的依赖远比文字多。电视、YouTube和电影能够吸引数十亿名观众，正是因为它们是视觉媒体。

通过使用图形，OPPM能够向读者提供项目的本质要素，而不是其背后的细枝末节。

耶鲁大学教授爱德华·塔夫特（Edward Tufte）在帮助我们理解如何解释某件事时，讲授了他提出的分析设计的五大原则。

1. 展示对比和差异。

2. 展示因果关系。

3. 展示多个变量数据。

4. 全面展示一切所需的内容。

5. 展示文档。

OPPM就体现了这五大原则。

关键路径法和挣值管理

在项目管理行业中，有两个设计优雅且简单的度量指标，可以简单明了地传达信息和含义。第一个是关键路径法（Critical Path Method，CPM），它起源于20世纪50年代的杜邦公司。其目标是计算并显示一个项目可能的最短完成时间，并强调那些关键路径上的任务，如果这些任务延期，整个项目也会延期。

OPPM的任务不显示依赖关系，因此，关键路径体现得并不明显。经验表明，完整的计划评审技术（PERT）图和工作分解结构（WBS）网络图虽然对于实际执行大型项目的项目经理至关重要，但往往因为传递信息过多，导致项目经理与重要的干系人沟通效果反而不佳。OPPM中不包括典型的关键路径甘特图。当关键路径很重要时，OPPM用户可以将这些任务的编号标记为红色。通过这种方式，关键路径的任务就可以简单地被传递给干系人。

第二个是挣值管理（Earned Value Management，EVM），它兴起于20世纪60年代。当时，美国国防部建立了一套计算和通信方法，一共由35个规范组成。项目管理行业现在已将EVM编入ANSI EIA 748-A标准。EVM的计算可能很复杂，但其目的是通过简单地将挣值与计划和实际的绩效进行比较，评估和推动项目范围、进度和成本的改进。核心思想是使用两个指标展示项目绩效：进度绩效指数（Schedule Performance Index，SPI）和成本绩效指数（Cost Performance Index，CPI）。

大多数时候，仅凭两个挣值指标是不够的，而且项目经理维护挣值数据的成本往往也很高。

一般在OPPM报告右下角会显示一个条形图，代表项目的计划成本。实际成本在比较条形图上显示，条形图的长度表示金额，颜色则用于表示超支的严重程度。如果没有OPPM中上部显示的进度绩效信息，仅有成本比较图是不够的。因为仅凭这些数据，你不知道你为计划支付的费用是否获得了你想要的价值（范围和时间）。

EVM可以简单地比较挣值（Earned Value，EV）与计划价值（Plan Value，PV），而这些信息可以在OPPM中轻易地找到，从而降低了数据维护的成本。在需要时你可以在OPPM中用特定的颜色和数字表示EVM的成本度量指标。

另一个极端：过于简单

并不是越简单越好。项目的复杂性会导致沟通不畅，所以项目经理往往试图采取过于简化的方式进行沟通，这种简化甚至可能影响他们所要传达的信息，而且这种现象并不罕见。

简化不等于简单。信息可以非常简单，但你会发现沟通效果可能很差。仅仅描述成本的超支或节约是不够的。成本节约表面上是好消息，实际上可能是坏消息，因为成本节约可能是由工作延迟导致的。同样，成本超支表面上是坏消息，实际上可能是好消息，因为成本超支可能意味着我们在更短的时间内完成了更多的工作。

美国最高法院大法官小奥利弗·温德尔·霍姆斯（Oliver Wendell Holmes，Jr.）说过："我对针对复杂事物的肤浅简化不屑一顾；但我会为了复杂事物内部蕴含的简单性付出我的生命。"在"我对针对复杂事物的肤浅简化不屑一顾"这句话中，霍姆斯表示他对不能传达所有重要信息的简化版本不感兴趣，比如，有人只会读小说的缩略本而不是小说原著。"但我会为了复杂事物内部蕴含的简单性付出我的生命"，这句话表明他非常重视那些在充分理解后以简洁而恰当的方式进行的沟通。

小说《悲惨世界》的作者维克多·雨果（Victor Hugo）和他的出版商提供了一个简洁的项目状态报告的绝佳示例。雨果想知道书的出版工作是否完成，他发了一份电报，全文只有一个标点符号"？"，出版商的回复也同样简洁，也只有一个标点符号"！"。雨果想知道新书的出版状态，出版商理解了问号的意思，雨果从出版商回复的感叹号中明白书的出版工作已经完成。

我认为OPPM可以简洁而恰当地传达项目的本质。通过使用它，你可以进行霍姆斯非常重视的那种沟通。

读者与用户反馈

OPPM将彻底改变我的团队和我呈现信息的方式。它很简单，但功能强大！

——F. 格里芬（F. Griffin）

诺斯罗普·格鲁曼公司（Northrop Grumman）

第2章

OPPM聚焦沟通

　　想象一下，现在是周五下午，你公司的总裁告诉你，他必须在周一午餐时向董事会报告你的项目及其进展情况。他要求你提供一个包含文本、表格和图片的项目概述，包括以下内容：项目中哪些任务按计划进行、哪些任务提前完成或哪些任务落后于计划；每个主要任务的负责人；项目在预算方面的执行情况；项目目标的达成情况；出现的主要问题；项目目前的整体进展情况以及未来三个月的预测。

　　如果提供所有这些信息，可能得写一本书。因此你打算使用微软的Project、甲骨文的Primavera或你经常使用的其他项目管理软件，并编辑总裁要求的所有数据。

　　但有一件事让你犹豫不决，那就是准备这样一份报告所需的时间。你和你的团队将在本周末完成一个重要的里程碑，这样的报告将占用本应该用于项目的大量精力。由于总裁想要在如此短的时间内得到这样一份全面的报告，项目的绩效可能会受到影响。

　　此外，你知道董事会成员的时间非常有限。高层管理者通常只会阅读重点内容。他们没有时间阅读整本报告，他们只需要看到关键指标和最重要的信息。如果你报告的内容不完整或无法令人满意，他们将刨根问底。因此无论是正面信息还是负面信息，你都不能有所隐瞒，必须如实汇报。

　　你该怎么办？是推迟本周末的部署，与优秀的同事加班准备这样的报告，还是尽你所能独自完成，并祈祷董事会被其他问题吸引，从而不像以往那样苛刻？

这两个都不是最好的解决办法。事实上，你应该提供一份简单的OPPM报告，这份文件应该从项目启动时就开始做。它可以快速、轻松地完成，不会影响项目的绩效。所有需要的信息都应该汇总在一页纸上，使用直观的图形，即使最忙碌的高层管理者和董事会成员也能迅速理解。

读者与用户反馈

OPPM是最有价值的文件。它为我提供了与项目干系人分享的恰到好处的细节信息。

——B. 英格拉姆（B. Ingram）

摩根大通（JPMorgan Chase）

OPPM承诺：以易于理解和易于编制的格式及时地向项目干系人传达他们需要知道的所有重要信息。我管理过数十个项目：与首席大法官沃伦·伯格（Warren Burger）筹备庆祝美国宪法200周年活动，实施SAP企业级解决方案，建立一个奖品配送中心（Award Distribution Center，ADC），赢得一个令人垂涎的管理大奖，重构一个主要的业务流程，启动一项新的互联网业务，获得ISO 9000认证等，在这些项目中，OPPM都是有效的。我的读者证实了我使用OPPM带来的好处，因为他们已经在无数个项目中有效地使用这个工具。

OPPM让人们专注重要的信息，明确角色与职责，并根据几个变量跟踪项目的执行情况，所有这些信息被浓缩在一张A4纸上。OPPM巧妙地平衡了管理层"需要知道"的信息和他们

"希望知道"的信息，以一种易于阅读的格式呈现。它回答的问题比它产生的问题多，这就是为什么它是一个如此有效的沟通工具。

记住这句格言："一图胜千言。"《华尔街日报》报道了一项学术研究，发现"人类通过视觉处理信息的速度比其他感官快17倍"。

OPPM正是利用了我们在处理视觉信息时能够快速理解大量数据和概念的能力。相比文字，人们通常更容易理解图片，这并不新鲜。新鲜的是使用视觉化的方式来提供详细、基本的项目信息。

> **▌核心观点**
>
> 　　无论项目的目标或目的是什么，无论项目规模大小，管理项目都有共通之处。其中之一就是沟通。

沟通是关键

当然，关于项目团队成员之间的沟通已经有很多著作。哈罗德·科兹纳（Harold Kerzner）在项目管理教科书《项目管理》（第10版）（*Project Management, 10th Edition*）中提到："由于花在沟通上面的时间很多，因此项目经理需要承担沟通管理的职责。"

沟通管理对正式或非正式地向上、向下、横向、纵向传递信息的方式进行有效的指导和监督。简而言之，项目经理的主要工作就是沟通。项目绩效的好坏与项目经理管理沟通过程的能力有直接的关系。

本书与项目管理沟通及其产生的项目绩效有关。书中描述的是如何充分、高效且直白地展示项目状态。但与我见过的任何关于项目管理沟通方面的书不同，本书主要讲述如何与组织内部和外部未参与项目的人员进行沟通。是的，每个项目都有干系人，他们虽然不直接参与项目，但对项目非常感兴趣。然而，很少有项目经理知道如何有效地与这些干系人沟通。

干系人包括董事会、高级管理层、供应商、客户以及与项目有间接联系的上级与下属。无论项目进展如何，与干系人沟通不畅都会让项目经理处于危险的境地。

读者与用户反馈

对我来说，OPPM是最有价值的工具。我们一直在努力寻找能够同时让业务负责人和工作团队满意的状态报告的格式。这个工具能清晰、直观地为业务负责人展示项目状态，为工作团队展示任务和风险。

——李先生

捷蓝航空（JetBlue）

▌核心观点

作为项目经理，你的成功与你在当前和未来项目绩效（范围、时间及资源等）方面的沟通能力成正比。

管理层想要了解项目的状态，特别是大型项目。即使小型项目，也有企业某些层级的管理者对项目感兴趣或负有责任，但并不直接参与项目。更大的项目往往会吸引越来越多的高层管理者的注意，最大的项目会引起首席执行官甚至董事会的关注。

读者与用户反馈

我认为OPPM应成为所有组织的项目经理的必备工具。它可以帮助所有项目经理和项目团队理解交付物，达到并超越他们预期的效果。只要你使用和遵循OPPM，它就能给你的项目带来连贯性。

——W. 罗班（W. Loban）

美国福陆公司（Fluor）

奥伯特·C. 坦纳（Obert C. Tanner）是我工作过的一家公司的创始人，他对建筑项目非常感兴趣，无论项目大小，他都会积极参与。然而，他对电脑软件项目兴趣不大，即使非常大的项目，他都授权其他人负责，并期望他们提供这些复杂项目的简单报告。

像坦纳这样不直接参与项目的管理者，不想花费很多时间去研究项目的状态。如果项目团队的主管表现不佳，管理层虽然想知道这一点，但不想花费时间和精力去追查原因和责任人。管理层想知道的是项目进度是落后还是准时，或者成本是超支还是节约。管理层想知道发生了什么，谁表现良好，谁需要帮助，以及项目的整体状态如何。

非常重要的是，他们想要快速、简单地了解这些情况。有些干系人不直接参与项目，但项目成功与否会涉及他们的利益，因此他们需要以一种吸引他们且不浪费他们时间的沟通方式。长篇大论的报告、项目的详细分析以及对正在发生的事情的长时间讨论，这些做法肯定会使管理者的注意力立即转移到其他紧急的问题上。

▊核心观点

当被要求撰写项目状态报告时，许多项目经理为了缩短篇幅会进行浅显或不完整的概述。这种报告往往会适得其反，带来更多的问题。在这种情况下，简单反而会导致混乱。OPPM简洁，内容足够，这就是为什么它是一个如此有效的沟通工具。

然而，在你阅读所有关于项目管理的资料，包括所有的文章和厚达几百页的教科书时，你会发现很少有关于如何简洁、有效地向领导汇报的内容。科兹纳在沟通管理中有很多论述，但这些论述基本上都是关于项目团队内部沟通的。很少有关于如何与企业管理层沟通的内容，而关于如何高效、简洁地与管理层沟通的内容就更少了。

> **读者与用户反馈**
>
> 　　在我的组织里，我相信OPPM因其理念和报告形式有潜力成为一个强大的工具。我们常常需要提交很多报告，从中提炼出关键信息是比较困难的事情。但通过OPPM便能在显眼的位置提供关键信息。
>
> 　　　　　　　　　　　　——S. 拉米雷斯（S. Ramirez）
>
> 　　　　　　　　　　加利福尼亚州立大学圣马科斯分校

自从第一本关于OPPM的书出版以来，我一直在不同城市与安迪·克罗（Andy Crowe）一起演讲。克罗在其著作《阿尔法项目管理：只有2%的顶尖人士才知道的事情》（*Alpha Project Management: What the Top 2% Know That Everyone Else Does Not*）中总结道："在可以区分的所有特质中，沟通是阿尔法团队呈现出来的最显著的差异。"他继续写道，"很少有话题能像沟通那样引起情绪反应……这是他们最重要的需求。"

他的研究揭示了项目经理缺乏两个关键的沟通技能：

1. 理解听众的沟通需求。

2. 意识到他们的沟通如何被听众理解和感知。

克罗随后描述了2%的顶尖人士所具备的四大特质：

1. 阿尔法人员在项目早期就与干系人沟通。

2. 阿尔法人员会制订沟通计划。

3. 阿尔法人员以完整、清晰、简洁的方式传达他们的信息。

4. 阿尔法人员会创建一个开放的渠道，定期与干系人讨论沟通事宜。

于是，迈克和我将克罗的观点浓缩成四个简短的要点，我们称之为"阿尔法四原则"：

1. 早期合作。

2. 建立节奏。

3. 传递清晰、简洁、完整的信息。

4. 为持续改进开辟通道。

OPPM与"阿尔法四原则"非常契合，这个工具从设计之初就是为了吸引高层管理者及所有干系人，并使他们的工作变得更轻松。

第3章

OPPM介绍

我在后面会详细介绍OPPM的结构以及创建方法。现在先对它做一个简单的定义：OPPM是一种用于与项目干系人沟通的工具。

OPPM绘制了一幅高度直观且相互关联的项目图景。它通过展示、关联并链接项目各个组成部分，使干系人立即清楚地了解项目以及项目的执行情况。OPPM显示了负责人的名字，所以对团队而言有更强的激励作用，也增加了获得认可的机会。OPPM用空心圆圈，或称为"气泡"，表示对应时间范围内计划好的工作。当计划的工作完成时，圆圈被涂黑。通过比较当前日期下空心的圆圈和涂黑的圆圈，就可以及时展示任务的按时完成情况。此外，OPPM还使用交通灯颜色（红色、黄色和绿色）来突出显示项目执行情况和风险减轻情况。

推动我们开发OPPM的初衷是，我们作为管理团队在坦纳公司缺乏持续管理好项目进度和成本的技能。我们当时的解决方案是把管理者送去项目管理的培训机构进行学习。我们还阅读了很多书籍，雇用了很多顾问，最后还是陷入了项目管理理论和细节中。

我们过于关注项目的细枝末节，诸如详尽的计划、多达 25 种不同规范的表格等，结果被各种条条框框束缚，严重影响了项目执行工作。出于好意，我们做出了大量的关于项目管理的改进，最终却被这些改进压得喘不过气来。我们意识到，我们将焦点放在了流程和文书工作上，反而忽视了项目本身的执行效果。

第一份OPPM（见图3.1）是由当时我们的总裁肯特·默多克（Kent Murdock）提出的简单矩形图，它是集体智慧的结晶。默多克早年是一名辩护律师，他习惯于将复杂问题简单化，既能阐述事实又能有效地说服陪审团。

图3.1展示了我们的任务，用一个自动化的存储和配送中心替换处于不同位置的仓库。

读者与用户反馈

OPPM以一种非常简洁的方式，在一个非常容易理解的单页报告中报告大量信息。我期待在达拉斯沃尔斯堡国际机场实施这一方法。

R. 比（R. Bee）

达拉斯沃尔斯堡国际机场

小贴士 在选择团队时要慎重，你需要的是实干家而不是规划家。

高效、实用、设计巧妙的项目管理，其细节恰到好处，不多也不少。通常，计划越详细、越周密，执行起来就越呆板、越缓慢。坦率地说，每个人都可能沉醉于项目管理的具体过程中。当过于重视细节时，你就无法分出轻重缓急，导致项目管理的过程失效。最终，项目会崩溃并且失败。用一句俗语来说就是"只见树木不见森林"。另外，高层管理者不需要也不想知道所有的细节。

项目经理：克拉克·坎贝尔		项目名称：奖品配送中心		报告日期：

项目目标： 整合仓库；自动存储和检索；对奖品的组装、包装和运输进行重新设计

子目标		主要任务	进度计划	负责人/助理
○		1 与建筑师和承包商签订合同	○ ○	A
○		2 工地拆迁	○ ○	A B
	○	3 设计系统软件	○ ○ ☐	B A B
	○	4 确定电脑硬件配置	○ ○ ○	B A
	○	5 重新设计工作站	○ ○ ○ ○ ○	B C A
○		6 停车场与景观	○ ○ ○	A B
○		7 地基与基础设施	○ ○ ○	A
○		8 梁柱	○ ○	A
○		9 封顶	○	A
○		10 主楼	○ ○	A C B
○		11 外墙与玻璃	○ ○ ○ ○ ○	A B
	○	12 安装电脑硬件	○	B A C
○		13 安装支架	○	B A B
○		14 安装自动起重机	○ ☐ ○	B A B
○		15 安装传送带	○ ○	B A B
○		16 软件测试与安装	○ ○ ○ ○ ○	B A B
	○	17 员工培训	☐	A C B
○		18 阁楼	○ ○	A B
○		19 安装工作站和家具	○ ○ ○	A B B
○		20 员工进驻ADC	○	A B
○		21 存货转移	☐ ○	A B B
○		22 人员配置要求	○ ○ ○ ○	B A

		风险、定性问题和其他评价指标	绿色=良好，黄色=令人担忧，红色=危险	
	○	1 内部开发的软件性能		B A
	○	2 外部开发的软件性能		B A
	○	3 完全集成的系统、设备和流程的性能		C C B A
○	○	4 与其他大型项目竞争留住承包商		A B C
○	○	5 建筑、系统和人员能否在上线前做好准备		A A A A

| | | 项目团队成员 | 16 18 16 16 16 16 16 16 18 18 18 | |

主要任务和风险 — 报告日期

子目标 — 成本和评价指标

概述和预测

| | 1月 2月 3月 4月 5月 6月 7月 8月 9月 10月 11月 12月 | 丹尼斯 韦恩 克劳斯 戴夫 |

完成修建 | 系统运行 | 人员部署

建筑 $6.0M
系统 $3.0M
人员 $0.5M

■ 花费 ■ 预算

我们将与日本的Boyer Development、Jacobsen Construction、Eskay、Diafuku公司签订合同。
我们拜访了其他公司，它们做过类似的项目，并且发现软件性能的风险优先级最高。
镁光（Micron）公司正在南面40英里处建设一处设施，并向承包商承诺佣金高于市场价的35%。
我们已把按时完工列为最高优先级。

图3.1 第一份OPPM

版权所有：OPPMi 2012，彩色PDF模板可从OPPMi官网获取

核心观点

OPPM有一个违反直觉的优势，那就是它会适度地忽略精确性。

我们将OPPM用于实践的第一个项目，是在盐湖城总部建造价值1000万美元的奖品配送中心。在这个项目中，团队最关心的是，如何把支持电脑操作的起重机及时地从日本运到盐湖城。团队对能否按时到达有所担心，因为：一是距离太远；二是1995年1月17日日本神户大地震对起重机零部件供应商的影响。

管理层需要知道设备是否会及时到达，是否在预算之内，负责人是谁，但他们不需要知道起重机从日本到达盐湖城的运输细节，以及大家为了保证正确的设备及时到达所付出的努力。

核心观点

OPPM在计划不足和计划过度之间找到了平衡。计划只是开始，它是达到目的的手段，而不是目的本身。

OPPM向我们的干系人展示了项目中涉及起重机的进展，而非每个细节。通过使用OPPM，高层管理者接收到了详细程度适当的信息。信息以快速、易于理解、易于消化的形式呈现。项目活动的负责人知道并管理每个细节，但高层管理者不需要也不想知道这些细节。这些负责人也知道高层管理者正在关注他们的工作表现。

> **█ 核心观点**
>
> OPPM使每个干系人都能轻易地了解所有项目负责人的情况。迈克的课程中一位经验丰富的项目经理指出："它将我的团队及其任务展示给那些对项目最感兴趣的人。"

通过使用相互关联的图表和颜色，OPPM清晰地展示了谁是项目负责人，他们的表现如何。高层管理者只需看一眼这张纸，就能看出谁的表现良好，谁的进度落后。

这种可视化的管理方式不仅使管理层更容易理解项目的状态和负责的人，同时对项目负责人来说也是一个重要的激励因素。他们清楚地知道到自己的角色和绩效是持续可见的。

> **读者与用户反馈**
>
> OPPM的模板是其最有价值的部分，它所关注的是怎么让简单的沟通成为项目管理成功的关键。
>
> ——K. 舒勒（K. Shuler）
>
> 美国思科系统公司（Cisco）

> **█ 核心观点**
>
> OPPM的适用范围是惊人的。

OPPM第一次被应用在一个建筑工程项目上，但在坦纳公司，我们还将其用于以下项目。

- 实施软件项目：一个使用SAP软件的企业资源规划（Enterprise Resource Planning，ERP）项目，耗资3000万美元。

- 启动新的互联网业务。项目名称Entrada，旨在为公司绩效最佳的员工提供奖励。

- 获得ISO 9000认证。

- 解决长期存在的问题。一个将应收账款减少了29%的项目。

- 赢得奖项。新乡奖（The Shingo Prize），一个颁发给最佳制造商的奖项；坦纳公司在1999年赢得了它。

在过去的17年中，OPPM帮助成千上万个项目成功地进行了项目计划并完成了项目状态报告。本书中的案例反映了OPPM基本架构的"渐进明细"和持续改进特征。

OPPM还可以帮你厘清思路，带给你意想不到的收获。例如，在减少应收账款的项目中，OPPM发现涉及应收账款的四个流程中，开具发票的流程没有负责人，结果导致事情失去了控制。知道这一点后，我们很快就为该流程分配了一个负责人，让这个流程可控，并显著减少了应收账款。

核心观点

OPPM不会取代你现有的工具，而是对你正在使用的工具进行补充。这一点很重要，需要特别强调。如果你使用微软的Project，那么请继续使用！如果你用Primavera推动项目，也请继续使用！许多成功使用这些综合软件工具的组织只是将OPPM"放在最上面"，作为状态报告进行沟通。回到我们的手表比喻，上述项目管理软件就像手表工作时的齿轮和宝石轴承，用来交付项目结果，而OPPM负责沟通项目结果。

在OPPM中呈现的信息并不新鲜，新鲜的是，它将信息以一个易于阅读和使用的格式呈现。这点区别非常重要。

核心观点

可以说，使用OPPM会让项目的成功率得到提高。

读者与用户反馈

随着项目复杂性的增加，项目经理变得不可或缺。随之而来的是项目管理本身也变得过于复杂，以至于项目经理无法向干系人解释清楚项目状态。OPPM驾驭了复杂性，为项目经理提供了工具，以轻松促进干系人对每个进行中的产品、流程和状态的理解。

——J. 霍夫曼（J. Hoffman）

GMRC

在创建OPPM并用它汇报之前，我们有必要比较一下传统项目管理和敏捷项目管理的区别。

图3.2展示了传统项目管理与敏捷项目管理的基本相似性。

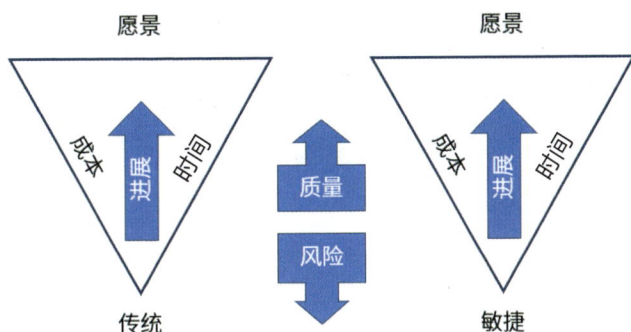

图3.2 传统项目管理和敏捷项目管理的基本相似性
版权所有：OPPMi 2012

- 都会随着时间的推移朝着愿景迈进。
- 都需要成本和资源。
- 都力求提高质量、降低风险。

图3.3揭示了这两个强大的项目方法论在流程和方法上的区别。假设左边的三角形代表传统项目，如生产一架波音737飞机。波音737飞机于1968年投入航空服务，是航空史上最畅销的喷气式客机，截至2012年4月，波音已交付7000多架飞机，还有超过2000架的订单。项目愿景是非常清晰的，我们知道我们想要什么，交付价值的计划包含整个项目愿景。工程规格是清晰的，供应链非常明确，生产成本是精确已知的，生产的时间已经指定并记录在案。质量通过卓越运营内建于流程中，用于风

险减轻测试的参数也实现了标准化。

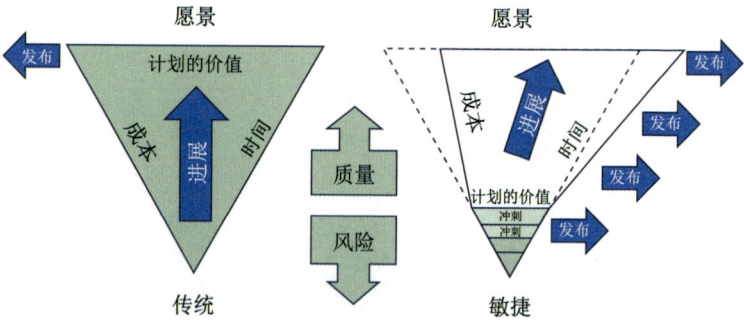

图3.3　传统项目管理和敏捷项目管理在流程和方法上的区别
版权所有 OPPMi 2012

我们知道我们想要什么、需要多长时间、需要多少成本，以及如何确保高质量和低风险。最终，我们交付了一架全面完成的飞机，并且能够试飞。

图3.3右边的三角形代表敏捷项目，如为纽约的出租车车队设计并安装新的车载GPS软件。我们有固定的预算和完全公开的交付日期——24周后，纽约市长计划宣布新系统的升级。

我们有高层次的愿景大纲，但在最重要的产品特性上，各个干系人之间存在分歧。我们选择了20辆出租车，给它们安装每六周发布一次的最新版本的GPS软件。发布计划包括四个版本的发布，每个版本的发布都要进行三个为期两周的冲刺（Sprint）。每个版本都会为市场提供完全可工作的最小可市场化特性（Minimum Marketable Feature，MMF）。我们通过与出租车司机、客户和其他干系人合作，在项目的过程中不断梳理和调整产品待办事项列表（Product Backlog）的优先级。

通过一次次的冲刺和发布，我们将基于重新梳理的需求优先级、技术的改进和开发团队的经验来调整我们的愿景。六个月后，市长向公众展示搭载新设备的出租车，他宣布项目按时并且按预算完成，最终的愿景与最初设定的愿景略有不同，但他承认在每个冲刺中都解决了质量问题并进行了改进。他意识到，在项目延期或超出预算的风险降低了的同时，干系人的期望也不断地被满足甚至超越，即使这些期望在项目完成时与开始时大不同。

接下来我们将进一步探索OPPM在传统项目和敏捷项目中的应用。

第4章

传统项目

传统项目的 5 个基本组成部分

项目管理协会（Project Management Institute，PMI）提出了五大过程组和十大知识领域、49个过程的项目管理框架。"哈佛袖珍导师"（Harvard Pocket Mentor）提出了一个更简单的方法，把每个项目分成了4个阶段。根据我们的经验，每个传统项目都有5个基本组成部分：

- 任务：如何做。
- 目标：做什么以及为什么做。
- 时间线：何时做。
- 成本：花费多少。
- 负责人：谁负责。

每个部分都是必要的，因此我们使用它们作为OPPM的结构，如图4.1所示。

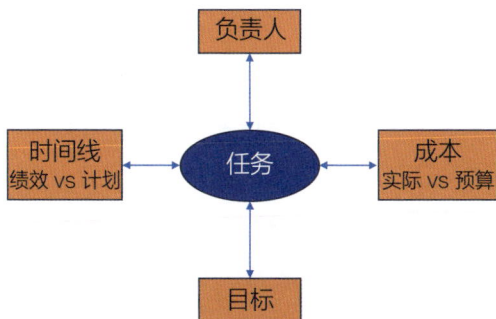

图4.1 传统项目的5个基本组成部分
版权所有：OPPMi 2012

让我们更详细地看一下这5个基本组成部分。

1. **任务**：如何做。任务是项目的核心，完成任务才能实现目标。任务包含完成项目的具体方法和相关细节。任务的层级结构和依赖关系是工作分解结构的一部分。

2. **目标**：做什么以及为什么做。项目的目标指的是项目的愿景。肯·布兰佳（Ken Blanchard）在他的书《用心领导的艺术》（*The Heart of a Leader*）中写道："知道去哪里，是你到达那里的第一步。"项目的目标可以是笼统的，也可以是具体的，但往往通过是否按时、按预算完成来衡量。

3. **时间线**：何时做。项目经理根据时间线来监控预计完成的时间以及实际完成的时间。如果扩大项目范围，你必须延长项目时间或增加项目预算。富兰克林·P. 琼斯（Franklin P. Jones）在《智慧箴言》（*Wise Words and Quotes*）中写道："时间是一个多才多艺的表演者。它可以飞逝，可以向前迈进，可以治愈所有创伤，可以耗尽，也可以揭示真相。"

4. **成本**：花费多少。一些成本属于资产折旧，如建筑材料，在当前使用现金投资，在将来通过折旧影响收入。项目费用反映在损益表上，可以是硬成本，如咨询费，也可以是软成本，如部署在项目中的内部员工的成本。成本计算可能很复杂，大型项目需要专业的财务人员来处理。

5. **负责人**：谁负责。承担责任并致力于实现目标的人。

OPPM帮助项目参与者像项目负责人一样思考和行动。明确的责任往往让项目参与者积极地参与到项目中。当看到自身任务的进展时，他们知道其他人也看到了他们的表现，责任明确是参与项目的关键。全身心的参与需要心灵和头脑的结合。

- 心灵：认可项目愿景并承诺达成，这需要清晰地理解项目的职责并用心地参与。记录并展示职责有助于放大这种理解和承诺。当同事、高层管理者或其他人明确了项目责任时，相关负责人对项目投入的情感会加深。

- 头脑：OPPM清晰展示了责任与项目目标、绩效指标之间的联系。项目管理包含对参与者的职责与目标度量方式的展示。

清晰的职责分工使项目绩效透明化，OPPM能够清晰地展示哪些人值得被认可，哪些人需要帮助。OPPM列出了主要的负责人，这保证了那些应该获得认可的人不会被遗漏。这很重要，因为即时认可员工往往会带来更好的绩效，然而高层管理者往往不知道应该奖励或感谢谁。高层管理者通常只能片面地获取这些信息，如来自经理或其他人的评论、听到的传闻，或者他们对某个人或某个项目的主观印象。这可能导致不值得奖励的人得到奖励，或者真正优秀的人被忽视。

┃核心观点

有了OPPM，有关负责人会被清晰地凸显出来。

责任明确具有强大的力量

以下5个案例展示了责任明确如何激发人们的参与感，以及如何带来意想不到的成就。

新乡奖项目

我们只有一个月的时间来提交新乡奖申请。高层管理者认为这是不可能的事。我邀请了公司里所有想要帮忙的人加入团队，这些人在下班后义务工作，并且没有额外的工资。事实上，为了完成这个项目，我们团队每天都从下午5点工作到深夜，这样持续了一个月的时间。大家知道愿景是什么，因此被一种不服输的精神所激励，大家因为这个需要短时间达成的愿景紧密团结在一起。这是一个充满活力的团队，高效且富有情感。让一个团队在短时间内保持这种激情是可能的，而我们保持了一个月，并成功地赢得了新乡奖。我后来入选了新乡奖评选委员会。这种对精益实践和卓越运营的深度参与，驱动我完成了第三本OPPM图书，即《一页纸项目管理执行手册：用一页纸推动战略和解决问题》。

锅炉烟囱

在奖品配送中心项目建设的后期，我们发现建筑规范要求锅炉烟囱要延伸到建筑物上方5英尺。这意味着在我们美丽的建筑上方将耸立一个丑陋的、高大的、金属缠绕的镀锌烟囱。重新规划它要额外花费10万美元，而这个费用不在预算之内。这块工作的负责人自己承担了责任，主动去寻找解决方案。他发现了一个巧妙的解决方案：如果在烟囱里安装一个鼓风机，烟囱就不需要延伸到屋顶之外也能符合建筑规范，只要稍微涂点油漆，他几乎可以不露声色地解决这个问题。只需要花费1万美元，使用鼓风机就能解决这个问题。由于这位负责人对项目负有很大的责任，因此这位负责人对工作有很强的责任感并投入了个人情感。之所以有这样的责任感，是因为在OPPM上有他的名字以及明确的项目目标。

ISO 9000认证

我们聘请了顾问来帮助我们获得梦寐以求的ISO 9000认证，因此项目的负责人既有内部人员，也有外部顾问。OPPM的结构要素为顾问和我们带来了意想不到的且有价值的结果。我们将在第12章详细探讨这一点。阿拉莫学习系统公司（Alamo Learning Systems）及其总裁盖伊·黑尔（Guy Hale）提供了专业的指导，让本应在6个月内完成的项目仅仅5个月就完成了。

应收账款项目

多年来，我们公司的应收账款居高不下。在以前，公司都是让收款部门负责解决这个问题。后来针对这个问题，我们专门设立了一个正式的项目并使用了OPPM，我们把销售副总确定为此项目的负责人，因为应收账款主要由销售部门产生，毕竟，只有收到款项后销售工作才算真正完成。这样一来，问题得到了关注和正确的处理。我们为记账、开票、收款分别指定了负责人，最终使应收账款减少了29%。

企业资源规划项目

OPPM不是万能的，不能保证所有项目都大获成功。我们曾在坦纳公司实施一个企业资源规划项目，我们在预算内完成了项目，投资回报率也符合预期，但没有按时交付项目。实际上，它花费了最初预计的两倍时间。然而，管理层能够接受这个结果，因为随着项目的进展，管理层能清晰地知道为什么项目会延迟以及延迟了多久。管理层每两周会收到一个更新的OPPM报告，报告清楚地显示了项目哪些方面落后于进度计划，哪些方面符合进度计划。OPPM本身并不能帮助大家按时完成这个项目，但它可以让管理层了解发生了什么，困难在哪里，谁负责，以及接下来会发生什么。通过从传统项目管理方法向敏捷项目管理方法的转变，这个项目最终满足了时间上的预期。我们将在第7、第8和第9章探讨敏捷OPPM。

▎核心观点

在管理项目时，任何人都不希望有意外出现，而OPPM能够帮助每个人避免意外。

根据以往的经验，无论是传统项目还是敏捷项目的状态报告，往往都倾向于采用传统的方式。纯粹的敏捷实践者会鼓励包括管理层在内的所有感兴趣的干系人亲自来到团队的房间，那里几乎每面墙上都有动态显示的进度信息，这些信息会"辐射"出来。敏捷项目经理期望与干系人以这样的方式进行沟通，但往往事与愿违，因为管理层会让项目经理以他们熟悉的格式提交状态报告。目前很多敏捷项目和传统项目的进度都使用传统的OPPM来进行沟通。

图4.2展示了传统项目5个基本组成部分如何融入一个标准的X图中。这是传统OPPM的基本框架。

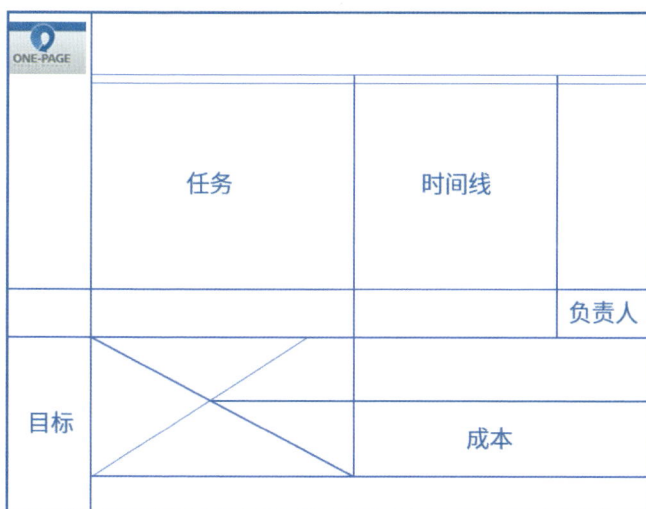

图4.2 传统OPPM的基本框架
版权所有：OPPMi 2012，彩色PDF模板可从OPPMi官网获得

矩阵

图4.3是传统OPPM的基本模板。在左下角，一个矩形被分成5个大小不一的部分。这个矩形代表了OPPM的核心，我们称之为"矩阵"，OPPM的所有元素以及项目的总体情况都在矩阵上有所展示。随着你对OPPM的熟悉，你会看到OPPM的所有元素都是围绕着这个矩阵展开的。

主要任务和风险

矩阵上方的"主要任务和风险"分为两部分：顶部的"主要任务"列出了项目的主要任务；下面的"风险、定性问题和其他评价指标"主要列出了项目的定性指标，而定量指标在表格的其他部分有所展示。

"主要任务"下列出的任务数量取决于项目情况以及你需要的详细程度，一般由项目工作分解结构（WBS）决定。需要注意的是，太多的任务会降低OPPM的有效性，使其变得臃肿和有压迫感。另外，你只有一页纸来展示所有任务。如果包含的任务太多，一页纸可能写不下。

在这个模板中，我们列出了22个主要任务，即使对于非常大的项目，这也是足够的；当然，如果项目较小，任务也会更少。接下来，我将带你了解实际创建一个OPPM的过程，以便你能够理解这个工具的任务部分是如何开发的。

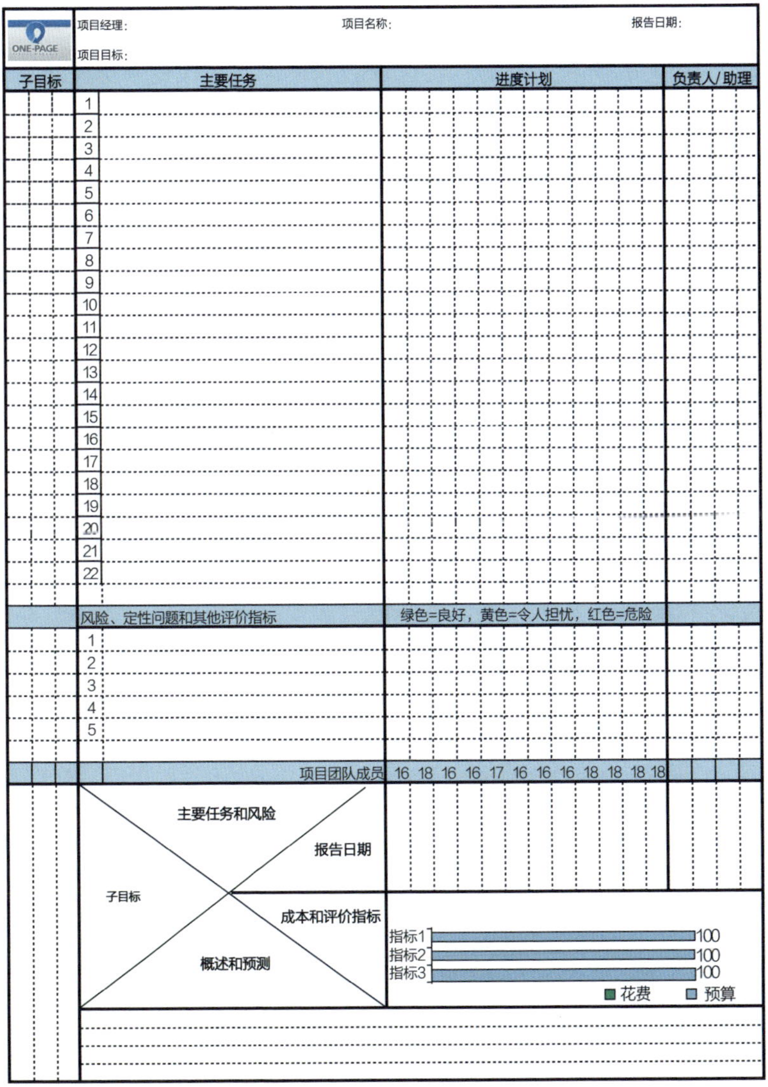

子目标		主要任务	进度计划	负责人/助理

ONE-PAGE
项目经理：　　　项目名称：　　　报告日期：
项目目标：

主要任务行编号：1–22

风险、定性问题和其他评价指标　　绿色=良好，黄色=令人担忧，红色=危险
1–5

项目团队成员　16 18 16 16 17 16 16 16 18 18 18

主要任务和风险
报告日期
子目标
成本和评价指标
概述和预测

指标1 100
指标2 100
指标3 100
■ 花费　■ 预算

图4.3　传统OPPM的基本模板
版权所有：OPPMi 2012，彩色PDF模板可从OPPMi 官网获得

043

请记住，每个任务都可以以另一个OPPM、甘特图或PERT（计划评审技术）图的方式呈现。假设你正在建造一栋建筑，最高管理层看到的一定是顶层的OPPM，在这里面有一个主要任务是"打地基"。因此在表格的某一行上，你可以写上"打地基"。"打地基"这个任务可能有它自己的OPPM，包括打地基的主要任务，如基槽开挖、打桩和浇筑混凝土。以此类推，每个任务都可以有它自己的OPPM。

> **▍核心观点**
>
> 项目的核心是任务的完成，即将行动转化为结果。项目的最终目的不是行动本身，而是成功地完成任务。

任务实际上是任何项目的核心内容，也是OPPM的核心。建造一栋建筑涉及许多不同的任务，在理想情况下，这些任务都应按时在预算内正确完成。

风险、定性问题和其他评价指标

风险减轻和某些关键绩效指标在本质上是无法定量描述的，因此只能做定性判断。这些指标被列在"风险、定性问题和其他评价指标"部分，并用交通信号灯的颜色（绿色、黄色和红色）进行标记。

报告日期

沿着矩阵的顺时针方向，我们来到了矩阵中的"报告日期"

部分。这是管理层期望在状态报告上看到的日期。进度计划在报告日期上方最大的那片区域。

成本和评价指标

我们在"成本和评价指标"三角形右侧的方框中使用简单的条形图来展示成本指标。通常，有两个条形，一个是预算，另一个是花费。花费会随着项目的进展而不断更新。

概述和预测

在"概述和预测"部分写下OPPM其他部分未涵盖的方面。干系人想知道"为什么"和"接下来会怎样"。

> **┃核心观点**
>
> "概述和预测"部分空间有限，这是有意为之的。它迫使项目经理先思考，再以简洁的方式写下来。记住，"认真简化"。永远不要在"概述和预测"中重述OPPM上已经说明的内容。可以在这里重点解释与计划的偏差，以及预计的补救措施。根据你现在所掌握的信息，写出你对项目未来两三个时间段的新想法。

子目标

项目目标记录在OPPM的顶部。子目标是项目主要交付物的高层级分解。子目标必须是可测量和可验证的。子目标是项目的期望成果，在OPPM上它们与各种任务相关联。当然，并非每个子目标都与每个任务相关联。

例如，一个建筑工程项目可能有"整合和重构某些公司职能"这个目标。与每个任务相关联的子目标可能是"建造完成""系统运行""人员部署"。其中的一个任务是"立柱和上梁"。这个任务与"建造完成"这个子目标相关联。另一个任务是"安装某些软件"，与此相关的子目标是"系统运行"。软件用户培训的任务与"人员部署"子目标相关联。

创建OPPM

你现在了解了矩阵的基本情况，接下来让我们开始了解如何创建OPPM。我将这个过程分解成12个步骤，你可以根据自己手头的任何项目进行调整和修改。

1. 标题。
2. 负责人。
3. 矩阵。
4. 子目标。
5. 主要任务。
6. 对齐任务和子目标。
7. 报告日期。
8. 对齐任务和报告日期。
9. 把任务和进度计划分配给负责人。
10. 风险、定性问题和其他评价指标。
11. 成本和评价指标。

12. 概述和预测。

坦纳公司的业务是生产和分发各种类型的员工奖品，包括认可奖、绩效奖和安全奖等。第5章和第6章中的所有图表都来自如图4.4所示的项目，该项目被称为奖品配送中心。

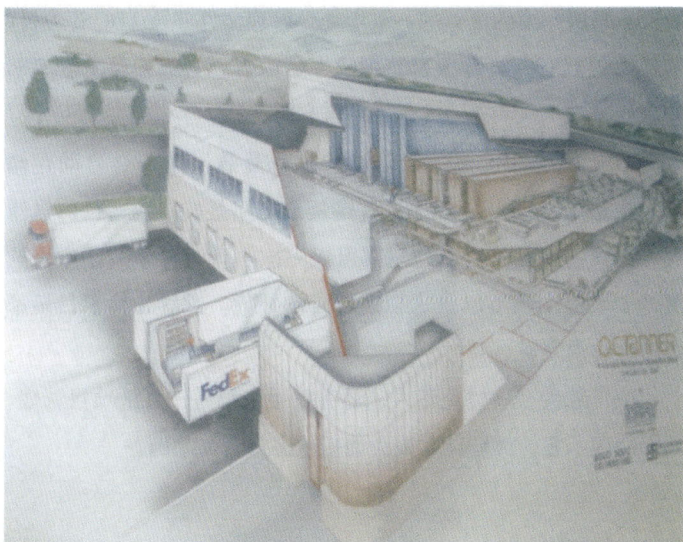

图4.4　奖品配送中心
版权所有：OPPMi 2012

在本书的第1版中，我们也使用了奖品配送中心建造的案例来讲解OPPM，但OPPM一直处于不断发展和完善之中。自从我首次引入OPPM以来，基于我自己使用的经历以及成千上万名用户的反馈，OPPM也得到了改进，这种改进不是颠覆性的，而是细微且富有成效的。

在本书中，我们将介绍OPPM的更新内容，并且会将它们与奖品配送中心项目以及其他项目联系起来。如果你有兴趣了解OPPM的最初形式，请参见本书的第1版。

如图4.4所示，奖品配送中心是我们建造的一栋建筑，使用自动化存储和检索系统（Automated Storage and Retrieval System，ASRS）进行控制。机器人在各排货架之间穿梭工作，可以从成千上万个库存奖品中逐一挑选出所需奖品，并且可以自动完成补货。存储和检索过程完全是自动化的。

项目经理和项目负责人及助理负责填写OPPM。他们负责创建OPPM，并将其作为项目状态报告的基础。

> **▌核心观点**
>
> OPPM必须是团队共同努力的结果，团队应该由所有任务负责人组成。你可能需要与团队成员进行协商，但最终，你需要获得团队的认可并与团队达成共识。

第5章

传统OPPM的12个创建步骤

如图5.1所示，在已经完成的OPPM上显示了所有12个创建步骤。当OPPM创建完成后，我们会提交给管理层，以获得项目批准和资金支持。图5.1能帮你做到"从结果出发去思考"。下面，我们来创建OPPM。

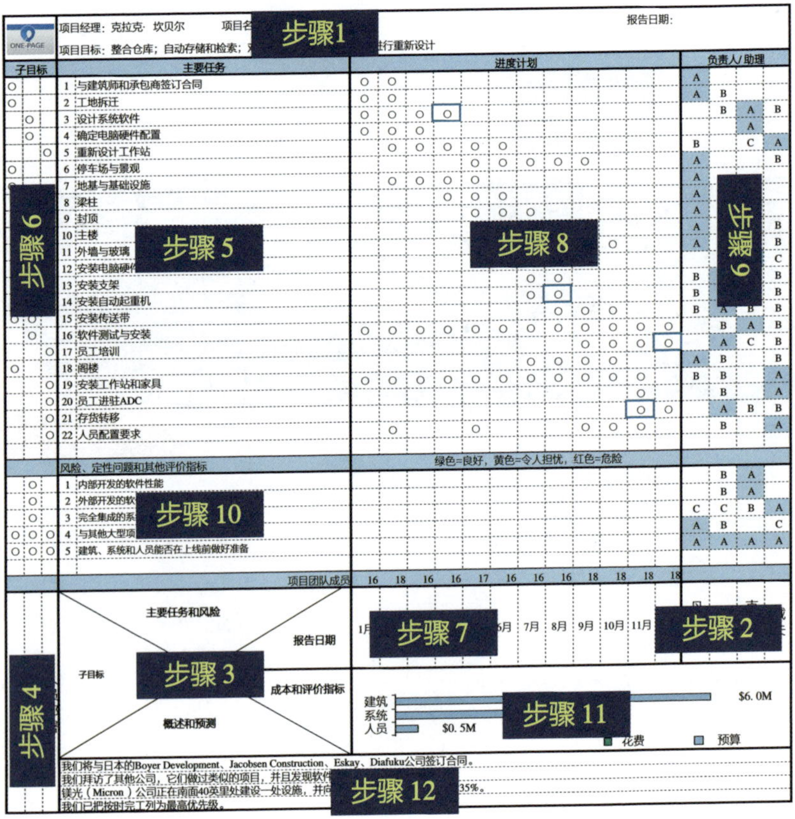

图5.1　传统OPPM的12个创建步骤
版权所有：OPPMi 2012，彩色PDF模板可从OPPMi官网获得

步骤 1：标题

是什么

步骤1提供项目的基本信息。这些信息被置于表格顶部的矩形框中（见图5.2）。

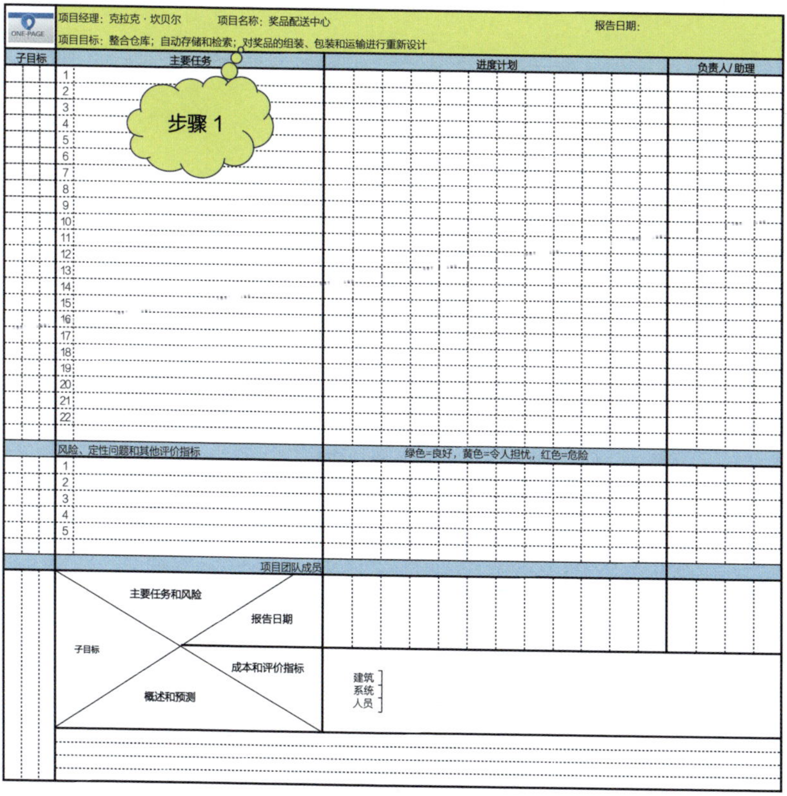

图5.2　步骤1：标题

版权所有：OPPMi 2012，彩色PDF模板可从OPPMi 官网获得

主要包括以下部分：

- 项目名称。
- 项目经理。
- 项目目标。
- 报告日期。

如何操作

项目名称：奖品配送中心

在这个示例中，项目名称是描述性的——奖品配送中心。给项目命名听起来很简单，但不要小看这个任务。你给项目起的名字将每天出现在所有参与者与干系人（含高管）面前。因此，将项目目标体现在项目名称里是一个很好的主意（例如，减少应收账款项目，而不是再造工程项目#2；赢得新乡奖项目，而不是制造业卓越奖项目）。使用名称可以巧妙地加深项目的参与者对项目目标的认识。

我们在给项目命名时，要认识到语言的力量。"阿波罗计划"，这个为美国登月项目起的名字听起来很棒，这是一个成功的项目名称。而"泰坦尼克项目"很可能会传达错误的信息。项目名称无须过于花哨，但一个好的名称确实可以吸引人们，并使项目在众多项目中脱颖而出。

你可以考虑在团队组建完成后再为项目命名，届时团队成员可以共同参与项目名称的拟定。

项目经理：克拉克·坎贝尔

这个项目由我来负责。每个项目最终必须有一个负责人或项目经理。这个人的名字要写在OPPM文件的最上方。这样，看到这张纸的人都知道谁是这个项目的最终负责人了。

在步骤1中，必须确定项目的负责人。让我明确一点：这个人必须是负责人，而不能是顾问、咨询师或任何不是你们组织全职员工的人。

我们不会深入讨论项目经理应具备的能力，但由于本书讨论的是沟通问题，因此我们应该清楚，项目经理必须是出色的沟通者。我将项目经理所需的沟通方式分为以下三种类型。

- 向上沟通：与上级、监督者和管理层的沟通。
- 向下沟通：与下级或下属的沟通。
- 水平沟通：与同僚、同事和同行的沟通。在组织的层级结构中，这些人与项目经理处于同一级别。这种沟通也会涉及组织之外的干系人。

大多数人并不同时擅长所有这些沟通方式。有些人在总裁办公室里能应对自如，他们擅长向上沟通。有些人与同事合作得很好，但在与董事会打交道时感到不舒服。还有一些人擅长激励他们的团队，但不知道如何与上级很好地沟通或如何与同事很好地互动。

每位项目经理都需要擅长直言不讳的沟通。这是一种诚实、全面、直接且能够解决你可能不愿意讨论的问题的沟通。如果你的项目遇到了麻烦，你需要说出来而不是加以掩盖。如果你有点担心，那更需要表达出来。直言不讳不是消极悲观，而是一种坦诚。如果项目的进度落后，其他活动也因此被拖延，那么直言不讳的项目经理会承认问题的存在，坦然面对后果，然后制定相应的策略，让项目团队继续前进。这是一种诚实的乐观精神，在承认问题和挑战的同时，你可以说："我们可以做些什么来帮助项目向前推进"。

> **小贴士** 永远不要向管理层或你的团队隐瞒关键问题。因为：（1）没有人喜欢"惊喜"；（2）当了解了你遇到的问题时，他们可能会提供超出你预期的帮助和支持。

这里有一个直言不讳的沟通的例子。我不知道这个故事是真实的还是虚构的，但这并不重要，它传递的信息是准确的。有人在组织一个大规模的早餐会，并与餐饮供应商讨论对于给定的需求，会议是否可行。会议策划者问："早上6:00举行会议可以吗？"餐饮供应商立即说："没问题。"下一个问题："会议有500人参加，有问题吗？"对方立即回应："没问题。"下一个问题："我们想为每个人提供一杯八盎司的橙汁，有问题吗？"对方立即回应："没问题。"下一个问题："我们希望橙汁是鲜榨的，有问题吗？"对方立即回应："没问题。"此时，活动策划者知道他遇到了麻烦。在早上6:00准备好500杯八盎司的鲜榨橙汁绝对是一个挑战。餐饮供应商没有与活动策划者坦诚地沟通。他为了赢得业务，掩盖了这些问题。还有一种情况是，如果餐饮供应商抱怨早上榨这么多新鲜橙汁太难了，说不可能做到，那也不是直言不讳的沟通，而是悲观消极、不愿探寻解决之道的表现。

直言不讳者会怎么说呢？当被问及是否有可能在早上第一时间提供500杯鲜榨的八盎司橙汁时，他会说："让我考虑一下。"然后拿出他的计算器，计算总共需要多少橙汁，需要订购和储存多少个橙子，以及需要多少机器和人员在规定的时间内生产所需的橙汁。最后他会计算成本并报价。这才是直言不讳者。不是试图回避或掩盖问题，相反，他们会以坦诚和富有成效的方式迎接挑战。项目经理应该始终进行直言不讳的沟通。管理层、同事和项目团队一定会被直言不讳的沟通所吸引并参与其中。

小贴士　项目经理应避免使用"不，但是"之类的词汇，相同信息以"是的，而且……"作为前缀表述效果更佳，可使沟通更为积极有效。

我之所以详细讨论沟通方式，是因为OPPM归根结底是一种沟通工具。正如前文所述，OPPM最初就是为与高层管理者进行沟通而设计的，是一种向上沟通的工具。但随着时间的推移，我们发现它在与组织内的干系人和项目团队成员沟通时也非常有效。

项目目标：整合仓库；自动存储和检索；对奖品的组装、包装和运输进行重新设计

一般情况下，发起人会向项目经理传达项目目标。如果发起人没有传达项目目标，项目经理需要与发起人沟通并获取项目目标。发起人需要明确项目目标，否则整个项目就会陷入困境。如果他们对项目目标不清楚，可以用下面的问题进行引导，以便确定项目目标：

- 你希望通过项目实现什么？
- 我们应该如何衡量项目进展？

在有了项目目标后，你应该把它写下来，让每个人都能看到，并确保大家意见一致。任何项目的目标就是项目的目的，即你想要做什么，你想要实现什么。"获得ISO 9000认证"可以是项目的名称，也可以是项目的目标。典型的项目目标可以是：

- 创建……
- 完成……
- 实施……

记录项目目标时你应该使用一个句子或几个词语，而不是一大段话。

定义项目目标不是项目经理一个人完成的，也不应该由上层强加给项目参与者。目标需要由干系人和项目团队成员共同制定，这包括为项目提供资金的高级管理层，以及任何从项目中受益的人。如果没有让干系人参与进来，他们可能会不同意或不接受这样的目标，因为他们没有参与制定项目目标。

安迪·克罗的"阿尔法四原则"的第一原则是早期合作。而步骤1提供了早期合作的机会。作为项目经理，你需要为你的项目做出决策并指出方向。这通常意味着要做出权衡取舍。你要完成标题部分，与老板讨论你最终是如何权衡成本、进度、范围、质量和风险的。你和老板必须对优先级有清晰的认识。以奖品配送中心项目为例，我的老板最重视按时完成，其次是成本。因此，我明白在权衡进度和范围时，进度应该被赋予最高优先级。

步骤2：负责人

是什么

现在假设你是这个项目的项目经理，并在项目团队成员的帮助下来整合OPPM。那么下一步应该是列出你的团队成员。谁会在这个项目中工作？项目各个部分的负责人是谁？这些人是项目的主要负责人，对项目的成功起到了关键作用。在图5.3中，右侧突出显示的地方会显示负责人的名字。这里就是写团队成员名字的地方。这个项目的负责人分别是丹尼斯、韦恩、克劳斯、戴夫。

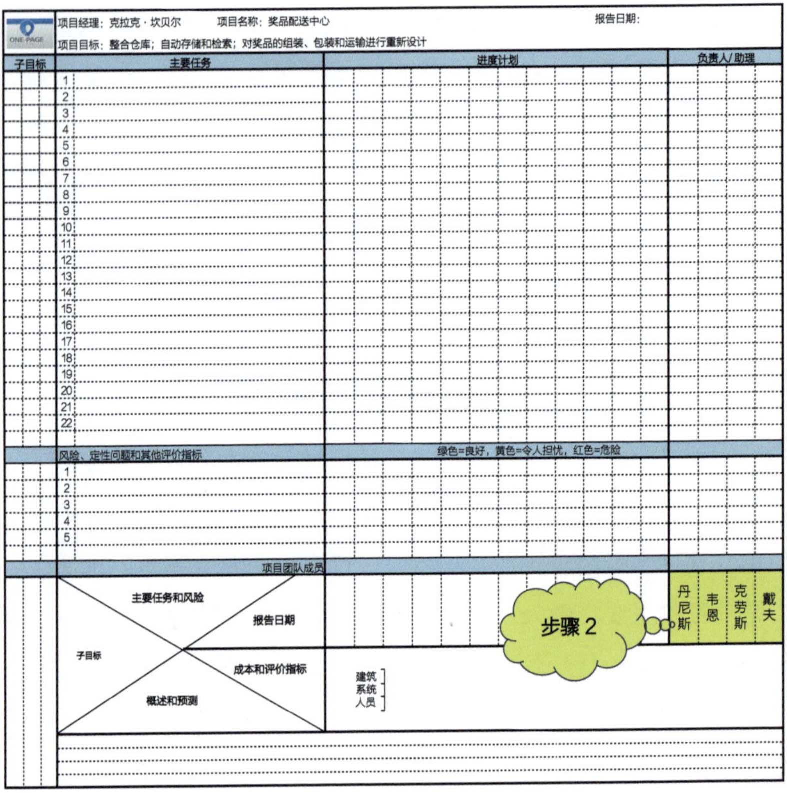

图5.3　步骤2：负责人

版权所有：OPPMi 2012，彩色PDF模板可从OPPMi 官网获得

如何操作

你的团队将由负责人和助理组成。负责人对每个主要任务负责，而助理则是每个主要任务的次要负责人或第三负责人。我们将在步骤6中将这些负责人与他们的具体任务联系起来。

确定你的负责人和助理团队有几个要点。首先，你必须根据项目的需求和要求来匹配负责人。因此必须考虑每个人的经验、知识和技能以及满足项目需求的能力。你也应该考虑成员的性格因素。这些人一起工作得怎么样？如果两个人彼此不喜欢，这并不意味着他们都不能留在团队中。如果你把他们都留在团队中，这意味着你相信你可以管理好他们之间的分歧，同时他们带来的收益会大于你的管理成本。

同时，你需要尽可能控制负责人和助理的数量。根据我的经验，3~4人通常就足够了。在大型项目中，OPPM不止有一层，每层都将有其负责人和助理。因此每个OPPM应该限制负责人和助理的数量。

项目成功在很大程度上取决于负责人和助理。如果他们表现良好，愿意参与进来，高效地执行并积极主动，那么你的项目成功的概率就非常高。

有一点很关键：你的负责人必须有很强的执行力和推动力。如果做不到这一点，就需要找新的负责人。

作为项目经理，你还必须知道你的负责人可以为项目投入多少时间。他们是全职工作吗？他们原来所在的部门是否期望他们继续做一些原来的工作？如果负责人没有全职为本项目工作，则会存在潜在的问题。如果一个人需要有1/4的时间为本项目工作，但在项目生命周期内，其所在部门并没有减少这个人原来的工作量，那么你将面临同样的问题。

话虽如此，有些参与项目的人有非常强烈的责任感，他们往往会主动地调整自己的时间安排，以确保项目能够获得所需的关注和资源。作为项目负责人，他们可能在正常的工作职责之外投入额外的时间和精力，以努力确保项目能够顺利进行。

> **小贴士** 非全职的明星员工比全职但表现平平的员工更具价值。在组建团队时，要牢记这点。

此外，持有不同观点的团队比观点一致的团队更有活力。你需要的可能是一个现实主义者、一个怀疑论者和一个乐观主义者。每个人都各有优缺点，但组合在一起，他们可以组成一个强大的团队，能够应对各种障碍和挑战。

步骤 3：矩阵

是什么

之前我谈到了矩阵，矩阵好比枢纽、焦点以及集散地。我们还可以把矩阵比喻成指南针，它从开始到结束都在指引你的项目方向。如图5.4所示，你在与团队讨论时会参考矩阵。矩阵为整个OPPM打下基础，并将项目的所有基本要素联系起来，然后将这些要素传达给读者。

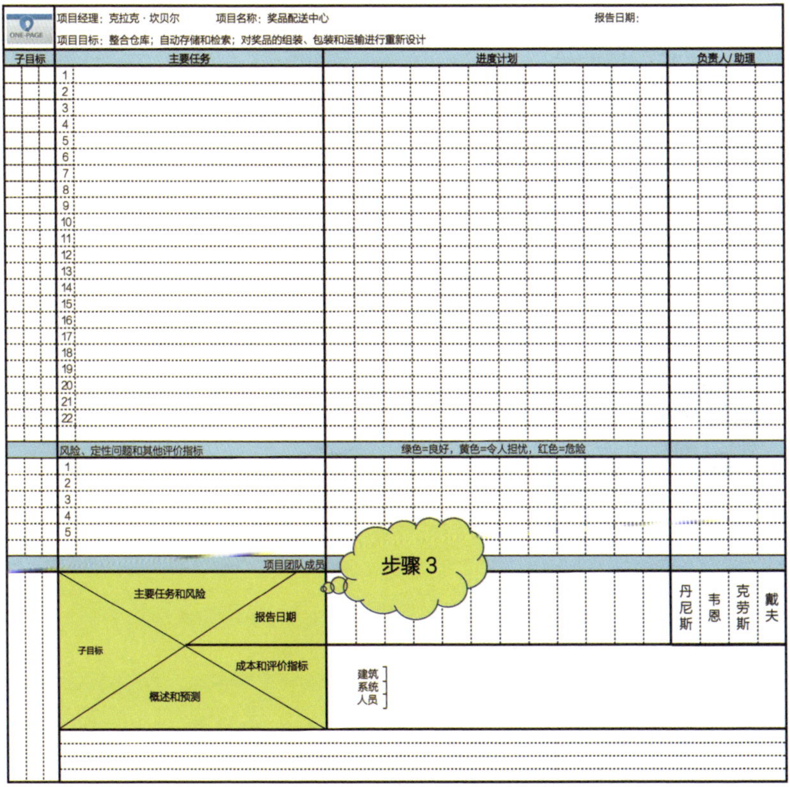

图5.4 步骤3：矩阵
版权所有：OPPMi 2012，彩色PDF模板可从OPPMi 官网获得

如何操作

在这一步中，你将召集团队并开始讨论如何处理这个项目。你将向团队介绍项目的总体情况，并粗略讨论矩阵的各个部分，包括子目标、主要项目任务和风险、报告日期，以及成本和评价指标。不可否认，矩阵和OPPM总体上是对项目信息

的简化。简化是OPPM的优势之一，但它并不试图涵盖项目的所有内容。它只是提取高层管理者和其他人员最感兴趣和认为最有价值的信息，并以一种快速且易于理解的格式呈现。这就是它的另一大优势，矩阵是OPPM所有重要步骤的交汇点。

在步骤3中，项目经理指导每个团队成员创建和使用OPPM。这一步也提醒项目经理，要确保每个团队成员都接受了足够的项目管理方面的通用培训，以满足特定项目的独特需求。

小贴士 你会发现，当你和你的团队成员一起努力完成这12个步骤时，团队会变得更加团结。在大家共同努力并成功实现了项目目标后，你们的能力和信心都在增强。

步骤4：子目标

是什么

随着团队的组建，你和你的团队开始将项目目标分解为子目标，之所以称为子目标，是因为它们从属于项目的整体目标（如建造一栋建筑或减少应收账款）。哈罗德·科兹纳在《项目管理》（*Project Management*）一书中指出，项目子目标应具有以下特征：

- 具体而非笼统。
- 不过于复杂。
- 可衡量、有形和可验证。

- 难度适当，具有挑战性。

- 现实且可实现。

- 在资源可承受的范围内。

- 与可用的或预期的资源保持一致。

- 与组织计划、政策和程序保持一致。

如图5.5所示，子目标放在OPPM左下角的矩形框中。对于奖品配送中心，子目标分别是完成修建（完成建筑的建造）、系统运行（建筑内所有电脑和机械系统都在运行，并且按照指定的方式工作）和人员部署（所有将在配送中心工作的人员都已受聘、接受了新设备的培训，并且已做好设备运行准备）。

如何操作

你需要将项目目标分解为子目标，子目标的数量通常为3~5个。与负责人的数量和OPPM的使用一样，我们力求简化。我们在坦纳公司建造的1000万美元的奖品配送中心项目只有3个子目标：完成修建、系统运行和人员部署。

你需要问自己和团队：对项目最重要的是什么？是按时完成还是降低成本？你真正想要通过这个项目实现什么？

每个称职的项目经理都知道他们必须平衡项目的以下3个制约因素，这3个制约因素相互依赖。

1. 时间：完成整个项目的所有活动所需的时间。

2. 资源：为了完成项目你能支配的资产。通常，最重要的资源是人力和资金。

3. 范围：保拉·马丁（Paula Martin）和凯伦·泰特（Karen

Tate）在他们的书《项目管理沉思录》（第2版）（*Project Management Memory Jogger，2nd Edition*）中提供了范围的定义：

"项目范围明确了客户是谁，将为他们生产哪些最终可交付物，以及客户将用哪些标准来判断他们对可交付物的满意程度。"

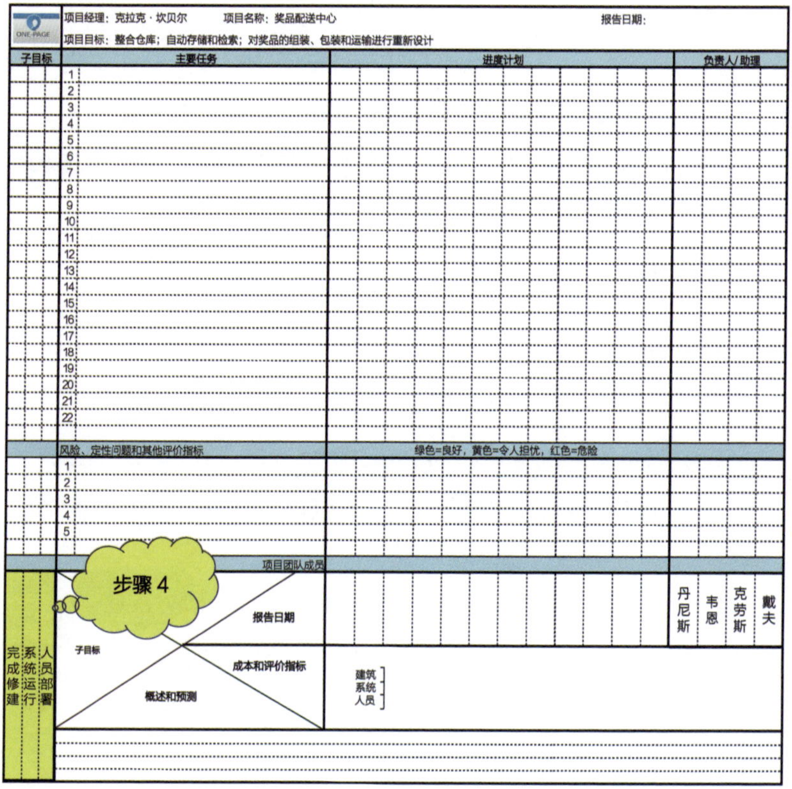

图5.5　步骤4：子目标
版权所有：OPPMi 2012，彩色PDF模板可从OPPMi 官网获得

这3个制约因素如何在项目管理中发挥作用？它们共同相互作用，当其中一个失衡时，整个项目可能会崩溃。为了防止这种

情况，项目经理必须调整其他两个制约因素。

例如，假设你为自己和家人建造房子。如果你有抵押贷款，而且手里的钱是固定的。在这种情况下，如果你想增加一个浴室，那你在其他方面就需要做出调整，也许是主卧室的大小或壁橱的数量。为保持平衡，你必须调整一个变量以适应另一个变量的变化。

小贴士

在确定目标时，你需要找到一些对你的项目来说是"试金石"的子目标。你想要实现的最主要的成就是什么？当你能回答这个问题时，确定项目的目标将相对容易。

创建OPPM的一个好处是，你在填写的过程中加深了对项目的了解，通过这个过程，你和你的团队会发现项目有哪些需要重点关注的方面和不太重要的方面。

有些目标非常明晰，以至于不需要在OPPM上列举，如按时和按预算完成。上述3个子目标（完成修建、系统运行和人员部署）都是由团队讨论并同意的。它们并不深奥、出乎意料或难以理解，这才是好目标。它们简单、直接、切中要害、易于理解，并且有价值。归根结底，这些都是项目最核心的目标。

步骤5：主要任务

是什么

如图5.6所示，你会看到在OPPM的左侧突出显示了一个包含主要任务的矩形框。在OPPM的所有组成部分中，可以说这部分最重要。主要任务是指完成项目所需的工作。一个1000万美元的项目实际上只是50个20万美元的项目或10个100万美元的项目的总和，通过对这些小项目的协调和整合，我们完成了最终的项目。

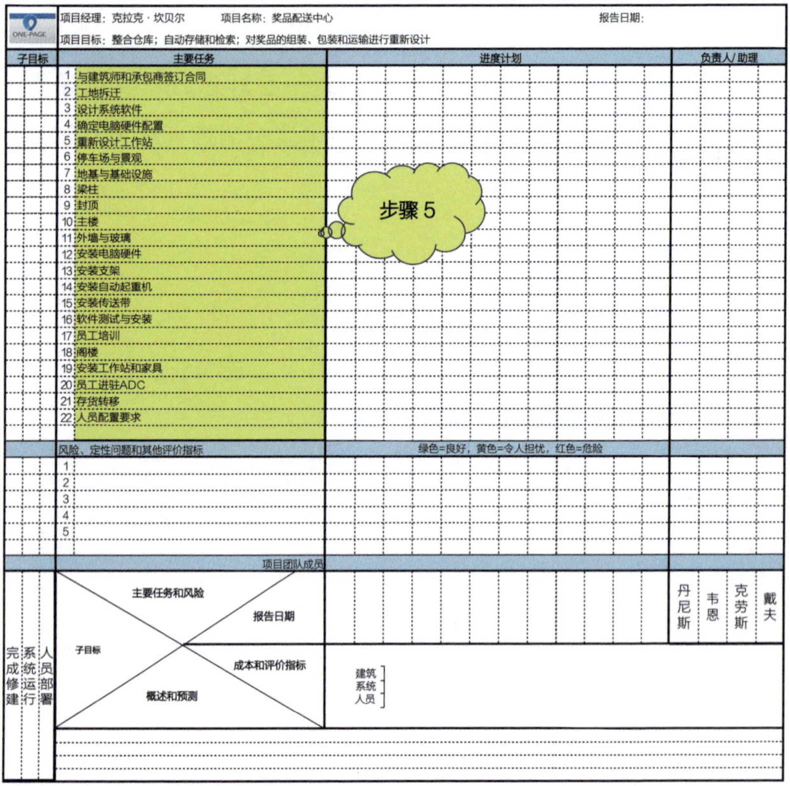

图5.6　步骤5：主要任务
版权所有：OPPMi 2012，彩色PDF模板可从OPPMi 官网获得

项目管理专业人士将这种拆解叫作工作分解结构（WBS）。埃里克·韦如在《MBA快速教程：项目管理》（第4版）第6章中清晰而完整地介绍了工作分解结构（WBS）的基本原理。

我们团队确定了22个主要任务，这22个主要任务包括从任务1"与建筑师和承包商签订合同"到任务22"人员配置要求"。

小贴士　为了确保任务分解的有效性，每个任务必须是便于管理的，并且一个人就能领导。

如何操作

使用OPPM，你将一个大型任务，如建造建筑物分解为更小的任务——签订合同、工地拆迁等。在建造配送中心的案例中，这些较小的任务都出现在最高层次的OPPM上，这也是我们在本书中关注的焦点。至于每个较小的任务，如安装电脑硬件、员工培训、存货转移等，都有其自己的OPPM或由其他项目管理软件提供支持。

对于大型项目，你需要将任务与项目管理软件程序中显示的任务名称保持一致，这些程序是项目各个部分必不可少的。项目的建造部分使用Primavera P3软件程序精心规划。软件和硬件部分使用微软的Project进行构建。OPPM不取代这些通用的和有价值的工具，但OPPM会以沟通协调文件的形式出现。而对于较小的项目，你和你的团队不需要做这么复杂，可以在

OPPM中自己确定任务。

> ▌核心观点
>
> 　　列在OPPM上的任务需要得到所有参与者的认同。每个任务至少分配一个负责人，如果负责人和他们的团队不同意OPPM上指定的任务，项目就会处于危险之中。一定要确保项目负责人、组织内外部顾问和任何项目干系人都保持认同和提供支持。

　　在本书中，我们关注最高层次的OPPM，最高层次的OPPM是给高级管理层看的。以前面提到的"减少应收账款"项目为例。一个任务可能是"分析和研究客户的信用情况"。如果你的客户信用较低，你很可能会在催收应收账款时遇到麻烦，因此需要创建专门的OPPM用于分析客户的信用情况。在这个OPPM中，也会有任务的分解。这就是我所说的多层次的OPPM。

> ▌核心观点
>
> 　　除了要便于管理，每个任务相对于其他任务应该是独立的。如果连一个任务在哪里结束，另一个任务在哪里开始都分不清楚，人们很难有责任感。

　　"建造大楼"是一个最高层次的OPPM，"打地基"属于这个高层次OPPM中的一个任务。同时"打地基"也可以拥有自己的OPPM，在这个OPPM中，"制作浇筑混凝土的木制模具"可能是其中的一个具体任务。"打地基"是最高层次OPPM中的一个独特任务，"制作浇筑混凝土的木制模具"是"打地基"OPPM中的一个独特任务。

▌核心观点

任务的进度应该可以衡量，以便你可以确认进度情况，并在OPPM中报告。

另外，为了与干系人沟通，你需要列出足够多的任务，但不要太多。任务太多会使进度的跟踪变得困难，无法顾全大局，而任务太少可能会失去对关键任务的控制。

到底有多少个任务才是合适的？一个比较好的原则是，在项目生命周期内每个月平均有2~3个任务即可。如果项目计划9个月完成，那么大概需要18个任务。一个为期两年的项目需要大约48个任务。

正如我之前提到的，在定义项目任务的过程中，沟通是关键。定义这些任务需要团队共同努力。不应该以命令的方式分解任务。随着对项目的深入讨论，你和你的团队会逐渐明确什么样的任务分解是合理的。就像确定项目名称一样，最好暂时不要着急定义任务，直到你和你的团队对所涉及的内容有充分的理解。

这个步骤之所以如此关键，是因为它不仅涉及任务，还涉及负责人和助理。在创建任务时，你必须确保任务与项目的负责人和助理是匹配的。如果一个负责人在某个领域特别强，如财务管理，而其他人在这个领域特别弱，那么与财务管理相关的任务大多数将由这个负责人承担。但如果有非常多的任务都涉及财务管理，那么这个负责人可能无法承担全部任务。在这种情况下，一些相对较小的财务管理任务可能会被分配给其他负责人或助理，而大部分财务管理任务则交给懂财务的团队成员。你所做的是将任务与负责人和助理进行匹配。我们将在步骤9中重点讨论这个问题。

持续改进

在进一步讨论之前，让我们先讨论一些其他的重要的点。

在创建OPPM时，我们可以不断回顾前面的步骤。这个工具不是一成不变的，而是反复迭代的。在项目进展过程中，如果需要，你可以做出改变和调整。OPPM对持续改进持开放态度，它是一个旨在帮助你与项目干系人沟通的工具，而不是指导项目进展或管理的文件。

小贴士 应该根据项目调整工具，而不是根据工具调整项目。

OPPM只用一页纸来写下所有需要传达的信息。一页纸的空间并不富裕，这反而是它的优势之一。它迫使你用简洁、高效和精确的语言。

避免使用术语、缩写词、省略词。记住，OPPM是用来向上、向下和向外沟通的，并不是所有受众都知道这些术语。如果你想发挥这个工具作为沟通手段的最大效能，请使用每个人都能理解的语言和词汇。

你需要接受一页纸空间不够的事实。这是一个优势，因为它会帮助你更好地沟通。通常，简洁的描述反而更准确。因此，在你使用OPPM时，沟通应该会得到改善。

还有一点，因为OPPM只有一页纸，因此它不能展示项目的所有内容，也不打算这样做。这意味着OPPM不会展示项目管理的一些重要方面，如项目任务的依赖关系和资源的能力。假如任务7依赖于任务4的完成，你将无法从OPPM中看到这些信息。如果处理任务的人手不够，OPPM也无法反映系统资源的不足，这时负责人就必须负责找到所需的资源。

承认工具的局限性很重要，OPPM不能描述项目的所有内容。然而，这页纸几乎涵盖了高级管理层需要了解的关于项目的所有相关信息（向上沟通）、同事感兴趣的大部分信息（向外沟通），同时为较低级别的人提供了对项目的大致概览（向下沟通）。

步骤6：对齐任务和子目标

是什么

在步骤6中，你需要检查任务清单，确保完成任务后能够实现预期的目标。如图5.7所示，用符号来体现目标与任务之间的相互关系。

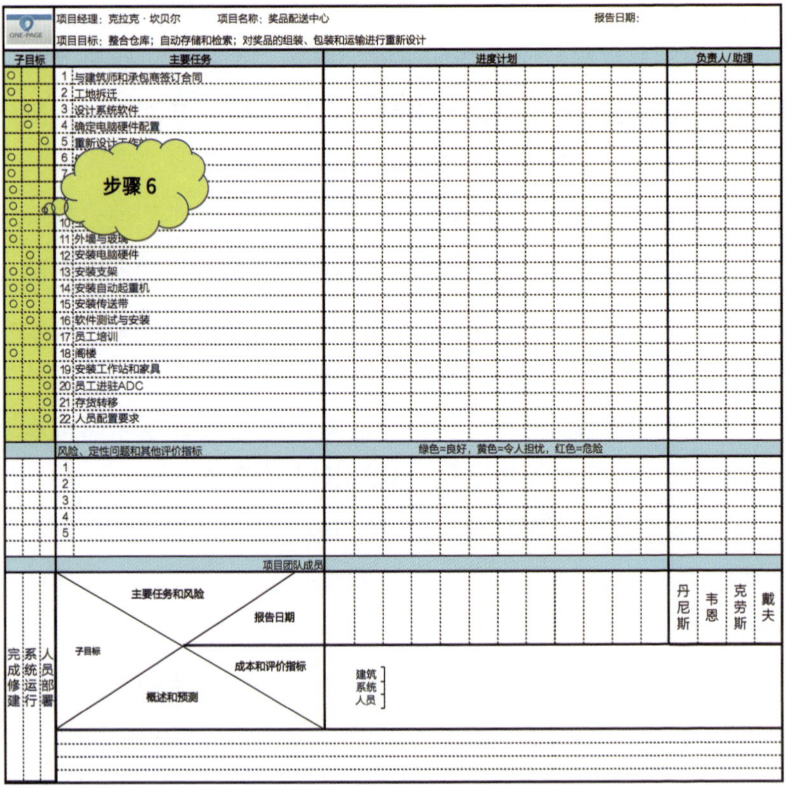

图5.7　步骤6：对齐任务和子目标

版权所有：OPPMi 2012，彩色PDF模板可从OPPMi 官网获得

如何操作

对齐任务和子目标需要灵活处理，因为任务可能会在过程中发生变化，因此，最重要的是不断地确保任务和子目标对

齐（见图5.7）。分析过程中可能会出现一些异常之处、不一致之处或遗漏之处。比如，子目标是"完成修建"，你已经列出了主要任务，但在将任务与子目标对齐时，你可能发现没有任何任务与"完成修建"相关。此时需要返回去添加一些相关任务。

对齐的过程不是一次性完成的。随着项目的推进，你自然而然地会重新评估后续步骤。将OPPM视为支撑整个项目的网络。每一步都为你提供了持续改进的机会。

事实上，我坚信OPPM最大的优势之一就是它在创建过程中对持续改进的支持。因此不要抗拒这一点，相反，要利用它来获得优势。

过度分析是许多项目的"致命"问题。正如我之前提到的，坦纳公司的许多员工学习了项目管理，聘请了顾问，并购买了书籍。我们曾经有25种表格，结果我们的项目管理计划因为其自身过于复杂而失败了。

如图5.7所示，你可以看到与主要任务对齐的子目标，可以看到对齐的过程。"与建筑师和承包商签订合同"（任务1）是与"完成修建"子目标相关的任务，你可以看到有一个圆圈，这个任务和子目标在这里相交。"与建筑师和承包商签订合同"与"系统运行"或"部署人员"几乎没有关系，因此没有圆圈将这些子目标与该任务对齐。

"设计系统软件"（任务3）和"确定电脑硬件配置"（任务4）直接影响"系统运行"子目标，因此有圆圈将它们与这个子目标对齐。

安装支架（任务13）的任务与两个子目标对齐，即"完成修建"和"系统运行"，因为这些30英尺高的支架既是建造的一部分，也是我们正在开发的系统的一部分。

员工培训（任务17）与"人员部署"子目标对齐，因为部署到建造中的人员必须先接受培训。

有些任务与两个子目标对齐，但大多数只与一个子目标对齐。所有任务至少要与一个子目标对齐。如果一个任务不能与子目标对齐，要么做这个任务没有意义，它不应该被包含在OPPM中，要么就是子目标不完整。

让我再举一个将特定任务与子目标对齐的例子。在应收账款项目中，我们意识到，过去我们将实现这一目标的所有工作都集中在收款上。我们试图让收款部门变得更有效率和效果，认为它是问题的核心。

但是，当仔细研究收款流程后，我们有了新的认识：流程其实更加复杂，涉及的人员不仅仅是收款部门。OPPM引导我们分析从报价到收款的整个流程，我们最终将其细分为4个子流程：

1. 销售流程（销售产品或服务）。

2. 设立账户流程（记录销售、设立账目、进行信用调查等）。

3. 开票流程（开具和发送发票）。

4. 收款流程。

我们一直忽略了流程的前三个步骤（销售、设立账户和开票），把所有精力都投入到最后一个步骤（收款）中。但实际上，所有这些步骤都导致了大量应收账款的问题。

在销售过程中，有些客户对支付有独特的要求。而只要产品出货或开具了发票，销售人员就能收到提成。因此，销售人员的积极性会在产品发货后大幅下滑。在后续设立账户的流程中，销售人员经常无法满足客户个性化的发票格式和信息要求。客户可能需要某些格式或信息，而我们的发票经常无法提供这些，当格式不正确时，客户会延迟付款。开票过程中的错误包括将发票发送给错误的人或部门，或者有错误的定价或其他信息。难怪收款部门收款如此困难！

《高效能人士的7个习惯》（*The 7 Habits of Highly Effective People*）的作者史蒂芬·R.柯维（Stephen R. Covey）说过："我们一直在忙于砍树枝，却忽视了树根。"

为了减少应收账款，我们必须改进所有流程。正是在创建OPPM期间，我们有了以上洞见。

步骤7：报告日期

是什么

如图5.8所示，在OPPM的底部有一个从左到右都由矩形组成的部分，我们将时间线分解成不连续的几部分，在这个例子中是按月递增的。按月递增不是强制的，也可以按每两周、每月、每两个月甚至每三个月去分解项目，但根据我的经验，按月递增是最常见的。

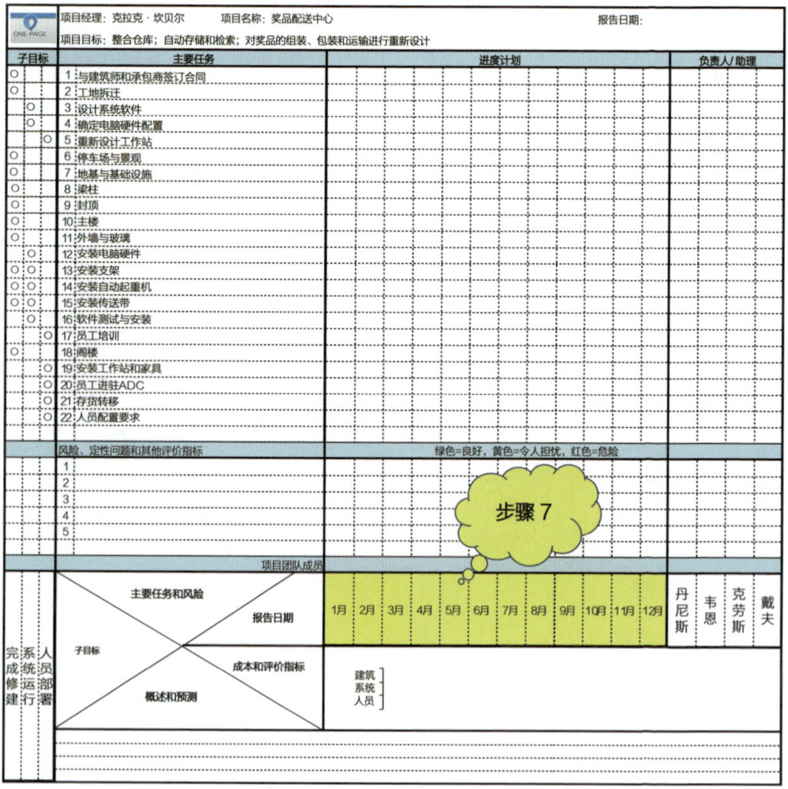

图5.8　步骤7：报告日期
版权所有：OPPMi 2012，彩色PDF模板可从OPPMi 官网获得

报告日期由管理层决定。我们询问管理层他们希望我们何时向他们报告，然后依据他们要求的格式准备OPPM。同样，

项目的报告周期在项目过程中可能变化。例如，在项目启动阶段，管理层可能希望每周或每两周报告一次，可一旦项目进入执行阶段，每月报告一次就足够了。

如何操作

第一步是评估完成项目需要的总时间。然后将时间线分解成可测量的时间段，我们在讨论怎样切分项目的时间变量时提到过。

在根据时间线做出承诺之前，需要考虑清楚你正在做什么。也就是说，当你让每个人都知道项目的时间线和时间增量时，你就有责任实现承诺。就像任务一样，你需要所有干系人的认同。你不能强行安排一个时间线或截止日期，然后还期望别人感谢你。时间线代表一种义务和责任，因此你需要与所有负责人讨论如何满足时间线。你需要他们同意时间线的可行性，并且得到大家的承诺。

埃里克·韦如在《MBA速成教程：项目管理》（第4版）一书的第8章中提供了一些工具、技术的辅导和实例，可以帮助你完成步骤7和步骤8。

步骤 8：对齐任务和报告日期

是什么

步骤8（见图5.9）将时间线与任务对齐或连接并完成项目进

度计划。

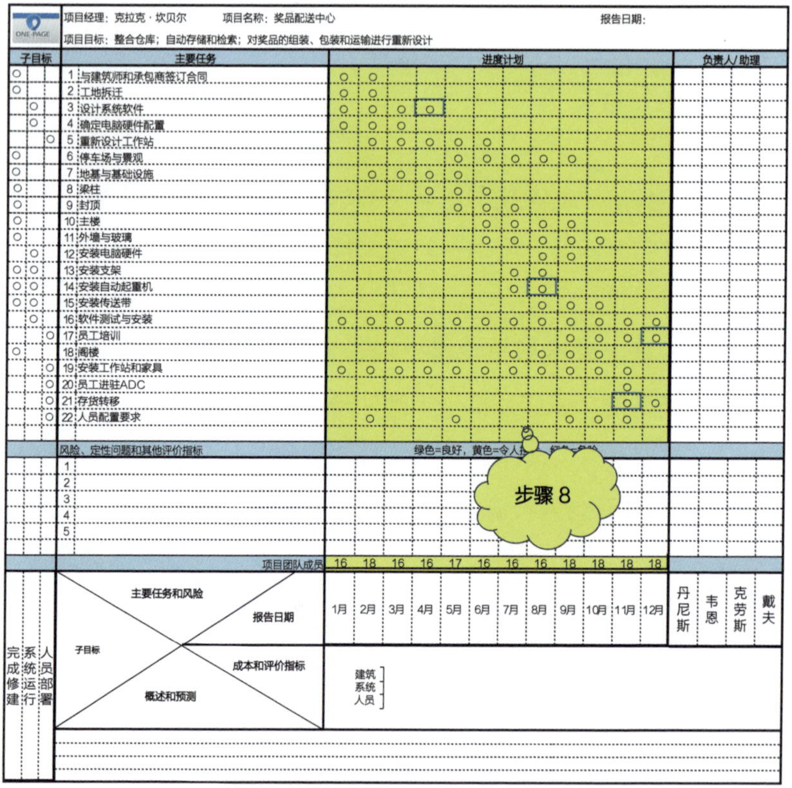

图5.9　步骤8：对齐任务和报告日期
版权所有：OPPMi 2012，彩色PDF模板可从OPPMi官网获得

如何操作

首先确定每个任务将持续多长时间，然后在任务旁边的方框中画空心圆圈。如果任务完成需要7个月，而时间线按月递增，那么在这个任务旁边将画7个空心圆圈。每完成一个月，对

应的空心圆圈就会被涂黑。

如果某个任务的范围在项目执行过程中扩大了，我们可以使用一个空心正方形来表示。读者由此知道这个任务涉及的工作比最初设定进度时更多。像空心圆圈一样，当带有空心正方形的任务完成时，对应的正方形也将被涂黑。

如图5.9所示，第一个任务，"与建筑师和承包商签订合同"，有两个空心圆圈，分别在1月和2月。这意味这个任务从1月开始，需要两个月完成，即2月底结束。

▎核心观点

两个空心圆圈并不意味着计划在1月和2月各完成50%的工作，只是意味着每个月都按计划工作。OPPM没有显示实际完成百分比和计划完成百分比，这需要在其他地方体现。

接下来看任务3，"设计系统软件"。这个任务也从1月开始，有4个空心圆圈，意味着它需要4个月的时间来完成。注意最后一个空心圆圈外部的粗框矩形。这用于突出项目的主要里程碑。这个OPPM有4个这样的矩形。除了应在4月完成的"设计系统软件"，其他具有里程碑意义的主要任务包括"安装自动起重机"（任务14），完成日期是8月；"员工培训"（任务17），完成日期是12月；"存货转移"（任务21），表明我们11月可以开始转移存货。带有粗框矩形的任务是项目的关键绩效指标。

任务6是"停车场与景观"。需要5个月的时间来完成，第一个空心圆圈放在5月这一列。这意味这个任务从5月开始，这是有道理的，因为只有先完成"工地拆迁"和"设计系统软件"这两个任务后才能开始这个任务。

最后一个任务是"人员配置要求"（任务22）。请注意，空心圆圈不是连续的。2月有一个空心圆圈，下一个是5月，然后从9月开始有3个，但12月没有。这是因为人员的配置是不定期进行的。而"员工培训"（任务17）直到项目后期，即9月才开始。这是合乎逻辑的，因为在建造完成之前，没有必要开始培训人员。

在步骤8中，我们需要知道内部人员的数量。内部人员是指公司的内部员工，而不是顾问、分包商、合同工或兼职人员。这是对参与项目的员工数量的统计。

这很重要，因为项目经理必须关注资源分配。项目管理办公室（Project Management Office，PMO）将汇总每个项目中的员工数量，这个数字代表了组织对项目的重视程度。如果一个项目的员工数量是15人，另一个项目是3人，这表明前者投入的资源更多。虽然这不是一个绝对精确的数字，但它可以让干系人了解参与项目的人数，也可以将这个项目与其他项目进行比较。

步骤9：把任务和进度计划分配给负责人

是什么

如图5.10所示，突出显示的区域反衬出前面已经完成的步骤。在这一步中，我们会将任务分配给负责人和助理，如果一个任务有多个负责人，我们要在他们之间分出主次。

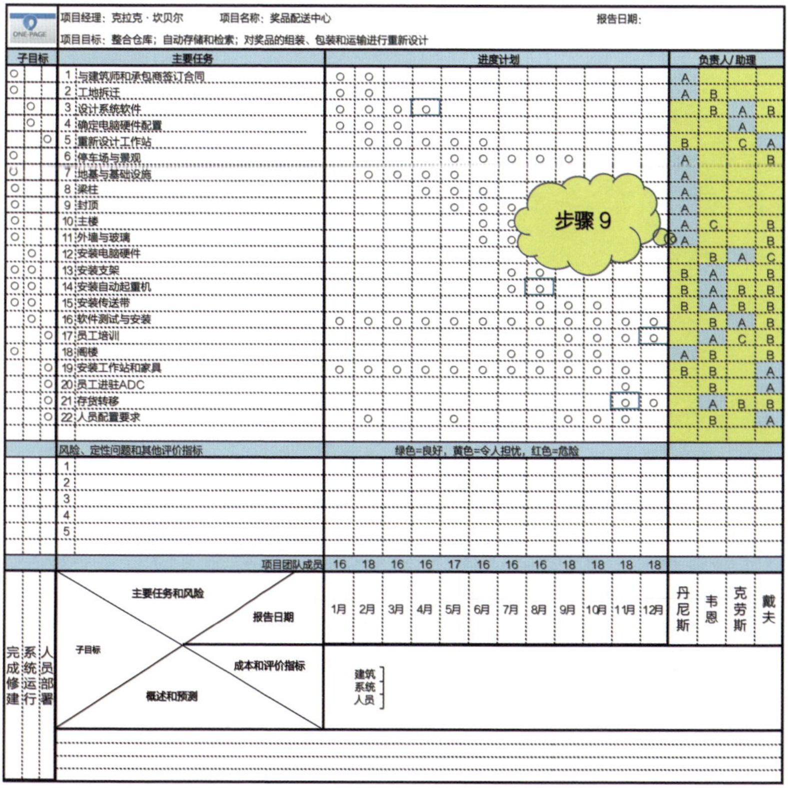

图5.10　步骤9：把任务和进度计划分配给负责人
版权所有：OPPMi 2012，彩色PDF模板可从OPPMi 官网获得

如何操作

　　每个任务都有负责人，而且许多任务有不止一个负责人，但通常会有一个主要负责人。OPPM上使用字母A代表主要负责人。如果有次要负责人，我称之为助理，用字母B指代，而第三负责人用字母C指代。但我再次强调，每个任务的主要负责人只能有一个，即每个任务必须由团队中的某个人负最终责任。用蓝色矩形突出主要负责人，这会使阅读OPPM的人能够立即知道每个任务的主要负责人是谁。

　　如果一个负责人对某个任务负主要责任，那么需要在该任务和负责人的行列相交的地方标记为A。将次要负责人标记为B，而对于第三负责人标记为C。如图5.10所示，负责人和助理都有所标记。

　　有些任务只有一个负责人，那么就直接标记为A即可。

　　在我们填写的例子中，你会看到任务"与建筑师和承包商签订合同"（任务1）只有一个负责人，丹尼斯，因此标记为A。而任务"设计系统软件"（任务3）有三个负责人：克劳斯为A，韦恩和戴夫为B。这意味着克劳斯是主要负责人，而韦恩和戴夫对任务的成功负有较小的责任。一个任务可以有多个B负责人或C负责人，但A负责人只能有一个。任务"主楼"（任务10）有三个负责人：丹尼斯负主要责任，因此标记为A；戴夫负次要责任，用B表示；韦恩是第三责任人，用C表示。克劳斯没有参与，因此不作标记。

　　负责人的确定是通过与团队成员的协作和协商来完成的，

项目经理提供指导并进行协调。在这一步结束时，项目任务的角色和职责以及相关的协调工作就明确了。

确定负责人的过程其实也是一种团队建设练习，经验丰富的项目经理会利用OPPM来实现这一点。如果有团队成员不想承担任务赋予的责任，这个步骤有助于项目经理以一种合作的方式解决这种情况。在理想情况下，当确定负责人时，团队成员会主动参与进来并自愿承担责任。当他们看到任务的主要负责人承担的工作量很大时，其他人可能会自愿成为这个任务的次要负责人，并承诺提供帮助。这当然是理想的状态。

现实情况可能有所不同。团队成员彼此之间很少互相帮助，并且尽可能地少做事。因此，这个过程让你有机会了解团队实力并确定是否需要进行团队建设来凝聚团队。

作为项目经理，你需要鼓励所有级别的沟通。是的，我反复强调沟通，这是因为它是任何项目成功的最基本要素。如果下属觉得需要直接与上级沟通，他们可以直接跳过你与上级沟通。你想要的是开诚布公的对话。消息无论好坏，你希望你的团队成员能够自由地沟通。OPPM有助于促进所有干系人之间的沟通，并邀请人们参与你的项目。一个成功的项目不是在封闭的办公室里管理的，而是在开放的办公室里管理的。

▍核心观点

项目成功的关键是沟通的透明度。沟通必须是开放的，没有私心，并且所有干系人都能看到。

步骤 10：风险、定性问题和其他评价指标

是什么

这一步主要处理OPPM中的主观或定性任务。每个项目都有一些不容易进行定量分析的任务。如图5.11所示，步骤10的内容在OPPM中间的部分。

图5.11　步骤10：风险、定性问题和其他评价指标

版权所有：OPPMi 2012，彩色PDF模板可从OPPMi 官网获得

软件性能通常属于这一类。我们有一个企业资源规划（ERP）项目，项目名称为基石。该项目有一个计费屏幕的功能，即在员工的电脑上显示计费的情况。很难确定计费屏幕打开的时间是否够短，这是一个主观判断的问题。但实际上，我们可以规定，如果计费屏幕功能的软件开启时间超过2秒，则被认为性能不足。我们希望软件在0.5秒内打开。如果偶尔出现1秒或2秒的延迟，也是可以接受的。

再比如手机信号强度的问题，通话时断线是不可接受的，但如果通话中有干扰或信号不好，难以听到对方说话，情况又如何？什么时候手机信号不好是可以接受的，什么时候是不可接受的？这些情况很难客观量化，往往取决于主观感受。

生活中或项目中不是所有事情都是非黑即白的。OPPM充分认识到这一点，并使用交通灯颜色来描述它。我们将在第6章对此进行讨论。

如何操作

如图5.11所示的案例中，你会看到五个定性指标：内部开发的软件的性能，外部开发的软件的性能，完全集成的系统、设备和流程的性能；与其他大型项目竞争留住承包商，建筑、系统和人员能否在上线前做好准备。

前三个都与软件性能相关，前面讨论过软件性能往往很难量化。但软件性能至关重要（在奖品配送中心项目中也是如此）且不能被忽视。我们通过与其他公司现场交流，了解到这是成功部署自动化仓储系统的主要风险，因此我们把它们写入了OPPM。记录"与其他大型项目竞争留住承包商"这一项，主要是因为我们必须与该地区正在进行的另一个主要建筑项目去竞争这个承包商。最后一个主观任务，"建筑、系统和人员能否在上线前做好准备"，指的是项目团队的最佳判断，即整个建筑及其系统运行是否能够按照项目时间线完成。这是老板要求的最高优先级任务，因此所有负责人都是A级。

请注意，子目标和负责人与这些主观任务要对齐，对这些任务要当成可量化的任务一样管理。这些任务必须与项目子目标相关联，而且每个任务至少有一个负责人。在这个案例中，一个任务不仅只有一个主要负责人，这打破了我们之前制定的规则。这是因为OPPM是为项目服务的，而不是让项目去适应OPPM。

步骤 11：成本和评价指标

是什么

如图5.12所示，OPPM右下角高亮显示部分是成本和评价指标区域。预算通过简单的条形图直观地显示出来。我们将预算分为三部分：建筑（600万美元）、系统（300万美元）和人员（50万美元）。这些都是简单的条形图，每个条形的长度代表相应部分的预算金额。尽管目标日期在预算图的上方，但它们之间没有关系。实际上，预算区域是独立的；它与时间线、目标或负责人无关。预算条形图的目的是让管理层能够快速、轻松地了解预算的使用情况。

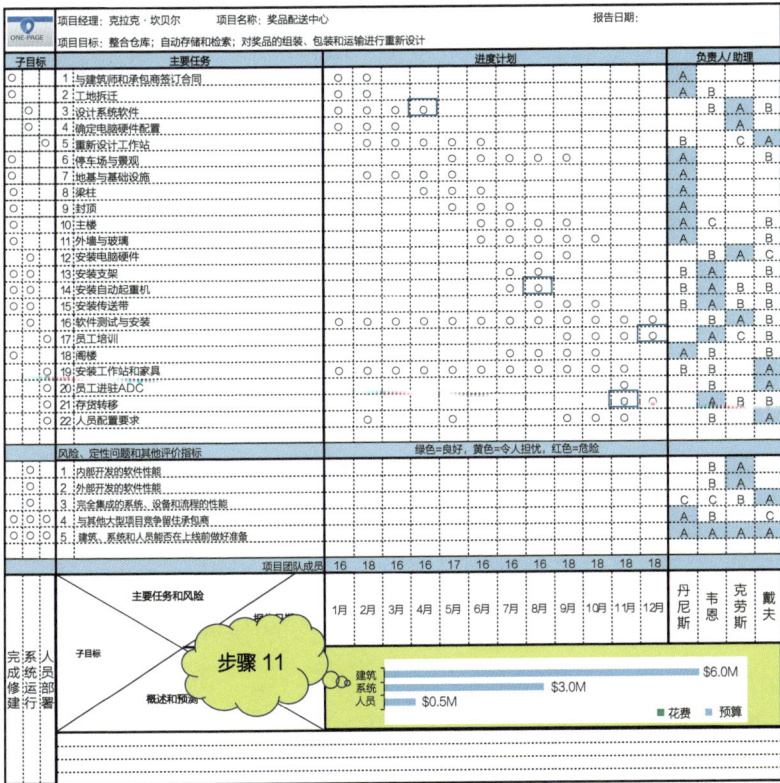

图5.12　步骤11：成本和评价指标
版权所有：OPPMi 2012，彩色PDF模板可从OPPMi官网获得

如何操作

绘制的方法很简单，即为每部分预算创建条形图。使用绿色表示在预算之内，黄色表示项目超出预算但可挽回，红色表示项

目不可挽回地超出预算。在绘制预算条形图时，必须与财务部门紧密合作，以确保使用准确的信息。

在OPPM上显示预算很容易，但获取数据则要困难得多。在绘制预算条形图之前，你需要确保知道所有的成本。例如，在为奖品配送中心项目制定预算之前，我们花费较长时间与供应商就他们将做什么、何时做以及费用多少达成了协议。只有在对成本有了清晰和完整的了解后，我们才能够去做预算。预算需要确保包括所有成本：软件许可费、咨询费、差旅费、培训费等，还包括为通货膨胀或项目变更设置的准备金。根据组织的运作方式，你可能会在预算中包含"软成本"，如公司内部人员在项目上花费的部分或全部时间，这部分成本没有在OPPM上体现。

你还会发现这三部分预算加起来是950万美元。剩余的50万美元作为准备金用于应对不可预见的意外。有些人会为这些准备金单独画一个条形图，并跟踪这些费用的使用情况。

步骤 12：概述和预测

是什么

如图5.13所示，一旦完成了页面底部的"概述和预测"部分，整个OPPM就完成了。作为你的第一版OPPM，在项目开始时，这部分是最后润色的环节。一个好的概述可以澄清任何模糊之处或明显的问题，并能够避免潜在的误解。从现在开始，每个人都可以用这页纸做沟通模板，在这里你将提交最终计划。

项目经理：克拉克·坎贝尔	项目名称：奖品配送中心	报告日期：

项目目标：整合仓库；自动存储和检索；对奖品的组装、包装和运输进行重新设计

子目标	主要任务	进度计划	负责人/助理
	1 与建筑师和承包商签订合同		A
	2 工地拆迁		A　B
	3 设计系统软件		B　A　B
	4 确定电脑硬件配置		A
	5 重新设计工作站		B　C　A
	6 停车场与景观		A
	7 地基与基础设施		A
	8 梁柱		A
	9 封顶		A
	10 主楼		A
	11 外墙与玻璃		A　B
	12 安装电脑硬件		B　A　C
	13 安装支架		A
	14 安装自动起重机		B　A　B
	15 安装传送带		B　A
	16 软件测试与安装		B　A
	17 员工培训		A
	18 阁楼		A
	19 安装工作站和家具		B　B　A
	20 员工进驻ADO		A　B
	21 存货转移		A　B
	22 人员配置要求		A

风险、定性问题和其他评价指标　　绿色=良好，黄色=令人担忧，红色=危险

	风险、定性问题和其他评价指标		负责人/助理
	1 内部开发的软性性能		B　A
	2 外部开发的软性性能		B　B
	3 完全集成的系统、设备和流程的性能		C　C　B　A
	4 与其他大限项目竞争优秀包商		A
	5 建筑、系统人员能否在上线前做好准备		A　A　A　C

项目团队成员	16	18	16	16	17	16	18	18	18	18	18

主要任务和风险　　子目标　　步骤12

1月	2月	3月	4月	5月	6月	7月	8月	9月	10月	11月	12月	丹尼斯	韦恩	克劳斯	戴夫

完成　修建　系统运行　人员部署

建筑　$6.0M
系统　$3.0M
人员　$0.5M

■ 花费　■ 预算

我们将与日本的Boyer Development、Jacobsen Construction、Eskay、Diafuku公司签订合同。
我们拜访了其他公司，它们做过类似的项目，并且发现材料和性能的风险优先级最高。
镁光（Micron）公司正在南面40英里处建设一处设施，并向承包商承诺佣金高于市场价35%。
我们已把按时完工列为最高优先级。

图5.13　步骤12：概述和预测
版权所有：OPPMi 2012，彩色PDF模板可从OPPMi 官网获得

进一步说，你要用OPPM从高级管理层那里获得项目的最终批准。让管理层了解项目目标、任务、负责人、预算和进度。很容易看出，在高级管理层用OPPM批准你的项目后，你

们之间就达成了一个易沟通且全面的共识。

在后续的OPPM中，你可以使用"概述和预测"部分记录项目进展情况。通过它，你就能在任何给定时间沟通项目的状态，并对不远的将来做出预测。在这里，你要尽可能写得简洁且全面。

如何操作

概述和预测部分的空间非常有限，这是有意而为之的。限制空间会迫使你在描述内容时有所选择，并在讨论时更加高效。高级管理层不会阅读长篇大论的内容，他们只想以最快的速度了解进展情况（见图5.13）。

> ▌**核心观点**
>
> 在"概述和预测"部分描述的所有内容不要附加额外的页面或图表，因为管理层不会阅读它们。这是一个一页纸的项目管理工具，意味着一切都必须包含在一张A4纸上。按照正确方法编制的OPPM是自成一体的，可以完全独立于其他内容存在。

"概述和预测"部分很重要。这部分是对OPPM的一个重要补充。在这里，你可以解释OPPM中不明显或没有包含的信息。例如，如果项目超出预算，将在这里讨论。如果因供应商问题导致项目各个方面落后于计划，也可以在这里阐述原因让大家了解。

这是一个澄清事实、纠正错误和避免误解的机会，但一些显而易见的事情就没有必要写了，如"系统费用超支"或"外墙和玻璃安装进度延迟"。这样的信息尽管真实，但是在OPPM的其他地方也能明显地看出来。

小贴士　"概述和预测"应该关注问题为什么发生，你将如何处理问题，以及你期望会发生什么。

"概述和预测"应该聚焦在OPPM所暴露的问题上：为什么进度落后？为什么预算超支？为什么这个空心圆圈没有被涂黑？为什么那条线是红色的而不是绿色的？

在回答了"为什么"之后，你需要说明将如何处理，然后预测将发生什么。

"概述和预测"部分用于向管理层解释OPPM中相互关联的不同组成部分没有说清楚的事项。

整合12个步骤

如图5.14所示，OPPM应该按顺时针方向阅读。从左边的子目标开始，依次到主要任务、进度计划、负责人/助理，最后是概述和预测。

| 项目经理：克拉克·坎贝尔 | 项目名称：奖品配送中心 | | 报告日期： |
| 项目目标：整合仓库；自动存储和检索；对奖品的组装、包装和运输进行重新设计 | | | |

子目标	主要任务	进度计划	负责人/助理
○	1 与建筑师和承包商签订合同		A
○	2 工地拆迁		A B
○	3 设计系统软件		B A B
○	4 确定电脑硬件配置		B A B
○	5 重新设计工作站		B C A
○	6 停车场与景观		A
○	7 地基与基础设施		A
○	8 梁柱		A
○	9 封顶		A
○	10 主楼		A C A
○	11 外墙与玻璃		A C A
○	12 安装电脑硬件		B A C
○	13 安装支架		B A B
○	14 安装自动起重机		B A B
○	15 安装传送带		B A B
○	16 软件测试与安装		B A B
○	17 员工培训		A A
○	18 搬楼		A B A
○	19 安装工作站和家具		B B A
○	20 员工进驻ADC		B A A
○	21 存货转移		B A A
○	22 人员配置要求		A A A A

	风险、定性问题和其他评价指标	绿色=良好、黄色=令人担忧、红色=危险	
○	1 内部开发的软性性能		B A
○	2 外部开发的软性性能		B A
○	3 完全集成的系统、设备和流程的性能		C C B A
○	4 与其他大项目竞争保优表现		A B A C
○	5 建筑、系统和人员那些在土核阶段就绪滞床		A A A A

项目团队成员	16	16	16	16	17	16	16	16	18	18	18	18

图5.14 OPPM的阅读顺序

版权所有：OPPMi 2012，彩色PDF模板可从OPPMi官网获得

第6章

传统OPPM的5个报告步骤

在展示在奖品配送中心项目中如何使用OPPM之前，我们需要回顾一下之前创建的版本（见图3.1）。这是一个非常重要的文件，也是在最终预算审批和项目启动审批中最常被引用的一页。它是沟通项目计划的重要工具。

小贴士 现在，OPPM只是一封电子邮件的附件。

使用 OPPM 创建报告的 5 个步骤

我们现在准备使用我们刚刚创建的OPPM。在创建OPPM过程中所做的细致工作和团队建设现在开始显现成效。当你按照图6.1中的5个步骤操作时，月度报告会变得很容易。

你需要在每个报告日期结束时与项目负责人会面，并完成以下任务：

1. 将报告日期线加粗。

2. 填写主要任务的进展。通过涂黑空心圆圈来确定项目的进展。尽管将空心圆圈涂黑很容易，但哪些空心圆圈该被涂黑，哪些不该被涂黑，要想达成一致往往并不容易。一些团队成员会说："好了，可以把空心圆圈涂黑了。"其他团队成员可能会说："任务还没完成。"

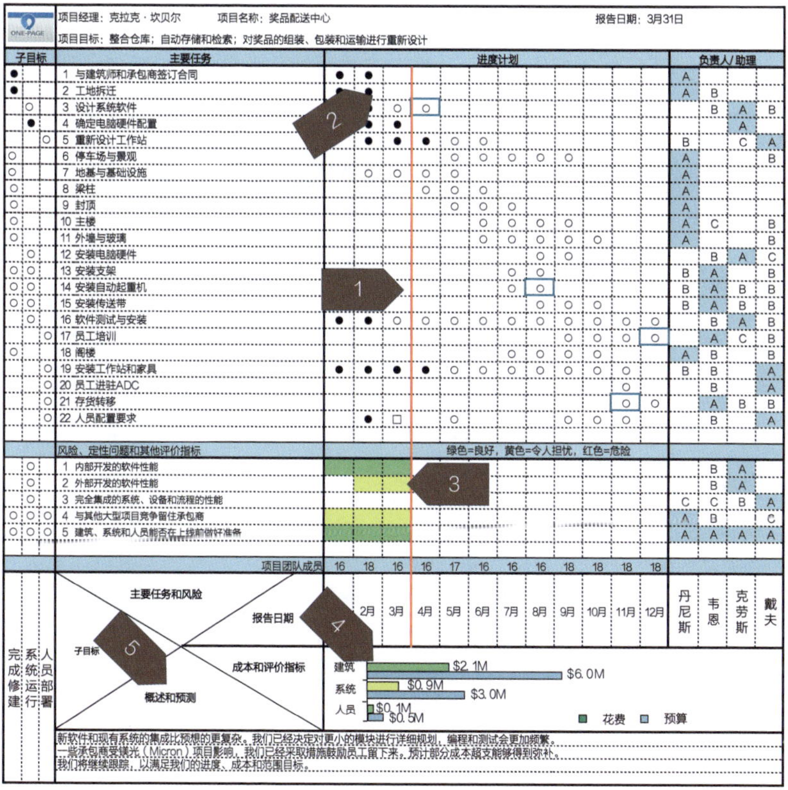

图6.1　传统OPPM的5个报告步骤
版权所有：OPPMi 2012，彩色PDF模板可从OPPMi官网获得

▌核心观点

空心圆圈被涂黑的意味着那个时段的工作已经完成。

作为项目经理，你的职责是将团队凝聚起来。这需要直言不讳的沟通，即非常直接、明确的沟通。哪些空心圆圈该被涂黑，哪些不该被涂黑，团队成员必须达成一致。当OPPM完成后，如果不允许团队成员说报告不太准确或者不太真实，那么这就不是一支坦诚的团队。如果发生这种情况，OPPM的有效性和可信度就会受到损害。项目团队必须绝对团结，团队领导必须与团队成员合作，直到他们达成一致。只有这样，OPPM才能被签署并提交给上级管理层。

3. 在"风险、定性问题和其他评价指标"区域，使用交通灯颜色确定绩效。在项目开始之前，你需要清晰定义每种颜色的含义。项目负责人与团队成员共同完成定义工作。你和你的团队可以自己定义颜色，项目不同，颜色定义可能不同。

许多组织对颜色的定义如下所示。

- 绿色：良好的绩效——绩效足够好，但并非完美到没有一点问题。人们都知道，追求完美意味着高额的成本。当然，对于不同项目，追求完美的价值也不尽相同。例如，波音737项目确实要好到足够接近完美；而对于我们的奖品配送中心项目，良好即可。

- 黄色：令人担忧的绩效——绩效可能会影响项目的进度、范围或成本。用黄色标记意味着问题是暂时的，团队自己可以解决，无须外部帮助。

- 红色：危险的绩效——绩效将影响项目的进度、范围或成本。要解决这些问题，需要超出个别任务负责人或项目团队的工作能力或权限。红色也可能意味着问题无法解决。

4. 报告支出。项目支出的金额应该来自财务部门，该部分必须与OPPM上的描述保持一致。

实际支出以与预算条形并排的条形显示。这清晰地展示了迄今为止预算的支出金额，以及你是否超出预算、低于预算或符合预算。颜色的定义如下所示。

- 绿色：项目未超出预算。

- 黄色：项目超出预算，后续可以通过节省将支出控制在预算范围内，或者确保超出的预算在批准的应急储备范围内。

- 红色：项目超出预算，你预计项目结束时会超出预算和之前批准的应急储备。

5. 完成"概述和预测"部分。这部分必须简洁。不要解释OPPM已经明确显示的内容。应该解释空心圆圈和非绿色颜色标记的问题，并写下接下来要做的事情。

OPPM 的实操案例

图6.2、图6.3、图6.4中的红色垂直线告诉我们今天所在的位置。圆圈显示每个任务在时间线上的位置。

同时，图6.2、图6.3和图6.4也显示了随着项目进展，OPPM如何随时间变化。奖品配送中心项目从1月开始，到12月结束。我们将查看3月、7月和11月的OPPM报告。

OPPM报告应该及时完成。如果晚几周再提供，报告将失去意义。如果时间是按月分配的，那么项目经理应该在每个月结束后的5个工作日内完成报告。当OPPM已经创建并投入使用后，这项工作并不繁重。我们的调查显示，大多数用户能够在不到19分钟内完成报告。

在完成OPPM后，你和你的团队要起草一个初稿，然后与参与项目的其他人进行讨论。询问他们是否认为这份文件准确地代表了项目目前的进展。这有助于吸引更多的干系人提出新的想法，最重要的是，这有助于负责人保持诚实和正直。当负责人与干系人合作时，他们更有可能在陈述中保持准确性和现实性。例如，他们可能本来想说某个任务符合进度计划，但经过慎重考虑，他们可能会改变主意，说发现任务有些落后于计划。

> **▌核心观点**
>
> 这种广泛的协作之所以可行，是因为OPPM包含的圆圈数量有限。
>
> 这是"认真简化"的一个有力体现。

项目早期的报告

垂直红线表示你在项目生命周期中所处的位置。如图6.2所示，这是3月的报告，因此红线被标记在3月目标日期的右侧。右上角也标明了日期，以便读者可以快速了解OPPM所对应的时间段。

注意被涂黑的圆圈。前两个任务（在OPPM中我们称它们为主要任务，但为了方便，我们将简称它们为"任务"）"与建筑师和承包商签订合同"（任务1）和"工地拆迁"（任务2），应该在项目的前两个月内完成。

项目经理：克拉克·坎贝尔　项目名称：奖品配送中心　　　　　　报告日期：3月31日

项目目标：整合仓库；自动存储和检索；对奖品的组装、包装和运输进行重新设计

子目标				主要任务	进度计划	负责人/助理
●			1	与建筑师和承包商签订合同		A
●			2	工地拆迁		A　B
	○		3	设计软件		B　A　B
●			4	确定电脑硬件配置		B　A
		○	5	重新设计工作站		B　C　A
○			6	停车场与景观		A
○			7	地基与基础设施		A
○			8	梁柱		A
○			9	封顶		A
○			10	主楼		A
○			11	外墙与玻璃		A　C
		○	12	安装电脑硬件		B　A　C
		○	13	安装支架		B　A
		○	14	安装自动起重机		B　A
		○	15	安装传送带		B　A
		○	16	软件测试与安装		B　A
		○	17	员工培训		B
○			18	商楼		A
		○	19	安装工作站和家具		A
○			20	员工进驻ADC		A
○			21	存货转移		B
○			22	人员配置要求		B

风险、定性问题和其他评价指标　　　　　　　绿色=良好，黄色=令人担忧，红色=危险

风险、定性问题和其他评价指标					负责人/助理
○			1	内部开发的软件性能	B　A
○			2	外部开发的软件性能	B　A
○	○		3	完全集成的系统、设备和流程的性能	C　B　A
○			4	与其他大型项目竞争留住承包商	A　B　A　C
○	○	○	5	建筑、系统和人员能否在上线前做好准备	A　A　A　A

项目团队成员　16　18　16　16　16　16　16　18　18　18　18

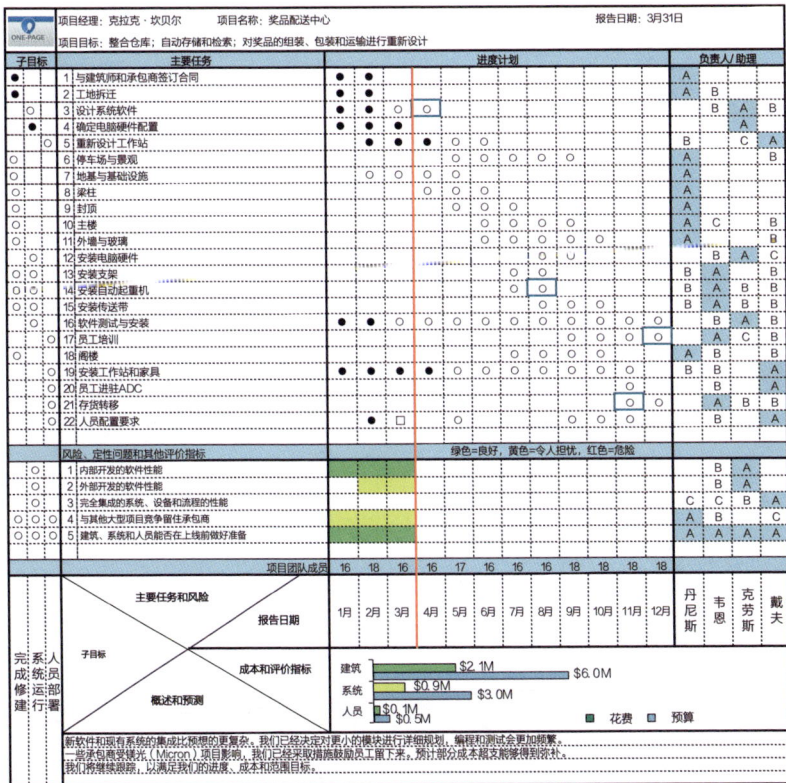

图6.2　项目3月的报告
版权所有：OPPMi 2012，彩色PDF模板可从OPPMi 官网获得

如图6.2所示，你不知道它们的具体完成日期，但你知道它们现在已经完成，2月的OPPM会告诉你任务是否完全按时完成。第三个任务"设计系统软件"（任务3）落后于计划（在3月有一个空心圆圈）。同样，很明显，4月的主要里程碑处于危险之中。而"确定电脑硬件配置"（任务4）是按时完成的，因为到目前为止所有的圆圈都被涂黑。下一个任务"重新设计工作站"（任务5）提前于计划完成（3月列红线右侧有一个被涂黑的圆圈）。这样读者可以非常容易和快速地确定哪些任务按时完成、提前或落后，以及目前完成的情况。

当你查看"风险、定性问题和其他评价指标"（第1行到第5行）时，你会看到填充的方框是从左向右延伸的。截止到3月底，"内部开发的软件性能"（第1行）和"建筑、系统和人员能否在上线前做好准备"（第5行）每个月的方框都是绿色的。绿色表示内部软件的性能良好，我们对按时上线充满信心。"外部开发的软件性能"（第2行）从2月开始有黄色的方框，并持续到3月。这意味着工作从2月开始，但是性能令人担忧。"完全集成的系统、设备和流程的性能"（第3行）的方框没有填涂颜色，因为工作还没有开始。第4行的一系列黄色方框显示我们持续担心承包商被其他公司抢走。

OPPM还将任务和子目标联系起来。注意前两个任务，即"与建筑师和承包商签订合同"（任务1）和"工地拆迁"（任务2），进度计划中的每个空心圆圈都已经被涂黑，表示这两个任务已经完成。因此，与这些任务相关的子目标（完成修建）

所对应的空心圆圈也需要被涂黑。通过查看图6.3和图6.4，你可以看到，随着任务的完成，项目子目标的进展也是可见的。

上述原理很简单。随着任务的完成，对应的子目标旁边的空心圆圈就会被涂黑。

预算和成本

页面底部的条形图显示成本绩效。预算中的每个类别（建筑、系统和人员）都有两个条形。每个类别下方的条形代表这个类别的预算，如建筑预算为600万美元，系统预算为300万美元，人员预算为50万美元。而每个类别上方的条形显示了当前的实际花费。绿色意味着实际花费符合计划或低于预算，黄色表示我们担心该部分有超出预算（通常意味着超过10%）的风险，红色表示该部分严重超出预算，并且可能持续下去。

在这个案例中，建筑花费为210万美元，用绿色条形表示。这意味着截止到3月底，600万美元的总建筑预算已经花费210万美元，绿色表明花费符合计划或低于预算。系统预算是300万美，当前已经花费90万美元，用黄色条形表示，它告诉管理层这部分花费超出预算但有挽回的余地。人员部分花费相对较少，为10万美元，符合计划。

概述和预测

在这部分，我们不重复解释OPPM明确显示出来的项目状态，我们重点回答由未完成的任务（用空心圆圈表示）、黄色和红色状态所引发的问题，同时对未来进行预测。我们可以详细看一下下面记录的内容：

"新软件和现有系统的集成比预想的更复杂。"对应为什么会出现空心圆圈和第一个黄色方框。

"我们已经决定对更小的模块进行详细规划，编程和测试会更加频繁。"对应我们接下来做什么。

"一些承包商受镁光（Micron）项目影响，我们已经采取措施鼓励员工留下来。"对应风险4为什么会出现黄色方框，以及任务22所在行为什么会出现代表超出范围的空心正方形。

"预计部分成本超支能够得到弥补。"对应对黄色条形的说明。

项目中期的报告

我们回顾一下OPPM的阅读顺序，如图5.14所示，我们应该按照顺时针方向进行阅读：子目标—主要任务—进度计划—负责人/助理—风险、定性问题和其他评价指标—概述和预测。如图6.3所示，项目进行到了7月，随着项目的进展，有更多的空心圆圈被涂黑。要注意有多少任务现在落后于计划。"停车场与景观"（任务6）有两个空心圆圈，表明进度落后了两个月。页面底部的"概述和预测"中的评论解释了这种延迟："暴雨导致的泥泞路面延误了施工。"这是原因。"激励计划成功地挽留了高质量的承包商。"这是你正在做什么以及你期望会发生什么。其他延迟的任务包括"主楼"（任务10）、"外墙与玻璃"（任务11）、"安装支架"（任务13）、"软件测试与安装"（任务16）。

项目经理：克拉克·坎贝尔　　项目名称：奖品分配中心　　　　　　　　　　报告日期：7月31日

项目目标：整合仓库；自动存储和检索；对奖品的组装、包装和运输进行重新设计

子目标	主要任务	进度计划	负责人／助理
	1 与建筑师和承包商签订合同		A
	2 工地拆迁		B
	3 设计系统软件		A B
	4 确定电脑硬件配置		A B
	5 重新设计工作站		B C A
	6 停车场与景观		A B
	7 地基与基础设施		A B
	8 梁柱		A B
	9 封顶		A B
	10 主楼		A C B
	11 外墙与玻璃		A B
	12 安装电脑硬件		B A
	13 安装支架		B A
	14 安装大型起重机		B A B
	15 安装传送带		B A B
	16 软件测试与安装		A B
	17 员工培训		A B
	18 调试		A B
	19 安装工作站和家具		A B
	20 员工进驻ADC		B A
	21 存货转移		B A
	22 人员配置要求		B A

风险、定性问题和其他评价指标　　绿色=良好，黄色=令人担忧，红色=危险

1 内部开发的软件性能		B A
2 外部开发的软件性能		B A
3 完全集成的系统、设备和流程的性能		C C B A
4 与其他大型项目竞争留住承包商		A B C A
5 建筑、系统和人员能否在上线前做好准备		A A A A

项目团队成员　16 18 16 17 18 16 16 18 18 18

主要任务和风险	1月 2月 3月 4月 5月 6月 7月 8月 9月 10月 11月 12月	丹尼斯 韦恩 克劳斯 戴夫
报告日期		
子目标		
成本和评价指标	建筑 $3.5M　$6.0M	
概述和预测	系统 $2.1M　$3.0M	
	人员 $0.3M $0.5M	花费　预算

完成建设／系统运行／人员部署／修改

系统失效已经得到修正，但是仍然运行很慢。最近的测试，以及我们对硬件质量和软件供应商之间的合作鼓舞了我们。
暴雨导致的泥泞路面延误了工期。激励计划成功地挽回了两周的进度损失。
1月毁灭性的6.9级神户大地震破坏了Diafuku公司的供应商，不过他们按时交付了自动起重机！
12月31日上线目标仍然处于危险之中，但我们比上个月更乐观。

图6.3　项目7月的报告

你不想粉饰或掩盖潜在的问题，你想坦诚地、积极主动地面对这些问题。因此你可以在概述中指出："12月31日上线目标

仍然处于危险之中，但我们比上个月更乐观。"这是对情况的客观陈述。项目有可能无法按时完成，但情况已经有所改善，项目团队对满足最终截止日期感到更加乐观。

现在完成的任务包括"与建筑师和承包商签订合同"（任务1）、"工地拆迁"（任务2）、"设计系统软件"（任务3）、"确定电脑硬件配置"（任务4）、"重新设计工作站"（任务5）、"地基和基础设施"（任务7）、"梁柱"（任务8）和"封顶"（任务9）。

其他任务尚未开始。你可以通过任务所对应的第一个圆圈所在的月份来判断任务的开始时间。例如，"安装电脑硬件"（任务12）将在8月开始；"员工培训"（任务17）将在9月开始；"员工进驻ADC"（任务20）在11月开始和结束；"存货转移"（任务21）将从11月开始，计划需要两个月。

在"风险、定性问题和其他评价指标"下，如图6.4所示，"内部开发的软件性能"在整个项目中一直在正常运行。"建筑、系统和人员能否在上线前做好准备"在前五个月是绿色的，但是有些问题导致了无法满足项目的最终截止日期，其在6月和7月是黄色的。"外部开发的软件性能"和"完全集成的系统、设备和流程的性能"现在是黄色的，这意味着它们存在可以解决的问题。之前，它们各有两个月是红色的，这意味着这些任务的问题危及了整个项目。

预算和成本

自3月以来，建筑的花费条形已经向右移动，显示花费了350万美元。它仍然是绿色的，表示一切正常。系统总共花费了210万美元，它仍然是黄色的，因此令人担忧。人员预算已经消耗了50%以上（条形已经填充过半），因为是绿色的，所以它仍然在预算内。

"概述和预测"部分解释了任务延迟、系统挑战和成本超支的原因，同时对未来进行了展望。无论是概述中的语言还是OPPM中的图表都反映了对于未来的乐观情绪，特别是考虑到前两个月的报告。

OPPM的价值在项目的中期变得越发明显。我们每周在能俯瞰项目的大厦中举行项目团队会议。在会议中，我们会更新OPPM，然后在月底将其发送给管理层。

我们的会议得到了改进。我们认为，使用OPPM有许多好处，包括：

- 每个项目会议，从一般的管理会议到项目团队会议，都更短、更高效。
- 与每个项目相关的会议议程总是包含一个共同元素——项目的OPPM。
- 每个参与者都非常熟悉OPPM及其工作原理，因为它在组织内无处不在。
- 会议的每个人都知道将讨论什么以及他需要报告什么，因此可以做好准备。

- 在会议中花费的时间更少，因此有更多时间用于执行项目工作。
- 与所有干系人的沟通变得更简单，因为他们每个人都可以获得一份OPPM的副本。你不能轻易地将微软的 Project 或Primavera（项目管理软件产品）发送给董事会或其他干系人，但你可以将OPPM发送给他们。
- OPPM的简洁性和直接性推动了高效和直截了当的沟通。

项目后期的报告

如图6.4所示，除了3个任务，所有任务都应该完成。这3个任务中的2个已经提前完成，即"员工培训"（任务17）和"存货转移"（任务21），而"软件测试与安装"（任务16）将在下个月按计划完成。

"风险、定性问题和其他评价指标"中有四项工作处理得很好（绿色），但"外部开发的软件性能"在3个月的正常运行后，在11月再次显示出令人担忧的问题。仔细观察与风险对齐的子目标。其中有两个空心圆圈已经被涂黑，即"内部开发的软件性能"和"完全集成的系统、设备和流程的性能"，表示与这些任务相关的可交付物已经完成。但其他三个任务的子目标尚未完成。"与其他大型项目竞争留住承包商"和"建筑、系统和人员能否在上线前做好准备"的方框是绿色的。需要注意的是，"外部开发的软件性能"被填充为黄色，这表明任务执行的速度缓慢，但不足以影响上线。

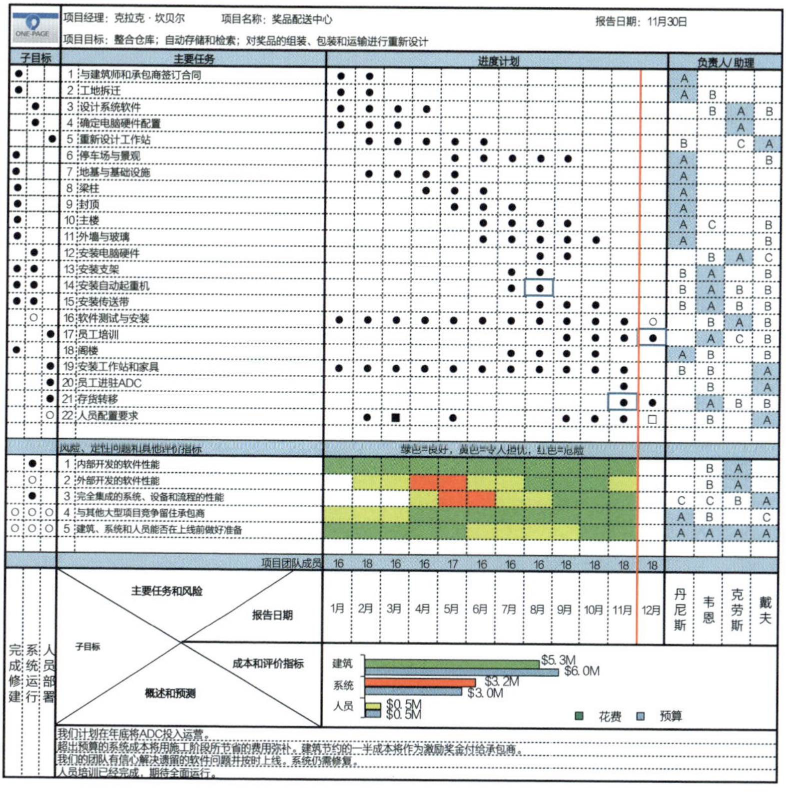

ONE-PAGE
项目经理：克拉克·坎贝尔　项目名称：奖品配送中心　报告日期：11月30日
项目目标：整合仓库；自动存储和检索；对奖品的组装、包装和运输进行重新设计
子目标
主要任务
进度计划
负责人/助理
1 与建筑师和承包商签订合同
2 工地拆迁
3 设计系统软件
4 确定电脑硬件配置
5 重新设计工作站
6 停车场与景观
7 地基与基础设施
8 梁柱
9 封顶
10 主楼
11 外墙与玻璃
12 安装电脑硬件
13 安装支架
14 安装自动起重机
15 安装传送带
16 软件测试与安装
17 员工培训
18 阁楼
19 安装工作站和家具
20 员工进驻ADC
21 存货转移
22 人员配置要求
风险、定性问题和其他评价指标
绿色=良好，黄色=令人担忧，红色=危险
1 内部开发的软件性能
2 外部开发的软件性能
3 完全集成的系统、设备和流程的性能
4 与其他大型项目竞争留住承包商
5 建筑、系统和人员能否在上线前做好准备
项目团队成员
16 18 16 16 17 16 16 16 18 18 18 18
主要任务和风险
报告日期
子目标
成本和评价指标
概述和预测
1月 2月 3月 4月 5月 6月 7月 8月 9月 10月 11月 12月
丹尼斯
韦恩
克劳斯
戴夫
完成修建
系统运行
人员部署
建筑
系统
人员
$5.3M
$6.0M
$3.2M
$3.0M
$0.5M
$0.5M
花费
预算
我们计划在年底将ADC投入运营。
超出预算的系统成本将用施工阶段所节省的费用弥补。建筑节约的一半成本将作为激励奖金付给承包商。
我们的团队有信心解决遗留的软件问题并按时上线。系统仍需修复。
人员培训已经完成，期待全面运行。

图6.4　项目11月的报告

版权所有：OPPMi 2012，彩色PDF模板可从OPPMi官网获得

预算和成本

建筑已经使用了600万美元预算中的530万美元，这是低于预算的，因此花费条形是绿色的。系统花费条形是红色的。前几个月，系统花费条形一直是黄色的，但现在，系统花费不可

逆转地超出了预算，因此变为红色。系统花费条形的320万美元代表系统花费超出预算20万美元。人员花费条形由绿色变为黄色，50万美元的预算已经花完，有超出预算的风险。

概述和预测

概述开始，"我们计划在年底前将ADC投入运营"。我们对这个最高优先级的可交付物有足够的信心。概述中还涉及成本，这是下一个最高优先级，"超出预算的系统成本将用施工阶段所节省的费用弥补。建筑节约的一半成本将作为激励奖金付给承包商"。这告诉管理层，在项目接近尾声时，项目建筑方面的节省将抵消数月来在系统方面的超支。软件系统问题已经大为改善，现在可以"按时上线"。然而，"系统仍需修复"。任务22中我们看到一个新的空心正方形。这代表了一个新计划的表彰活动，用于认可项目团队、外部供应商、承包商和程序员的出色绩效。

回顾一年多前，在12个步骤的第一步，我们说过："作为项目经理，你需要为你的项目做出决策并指出方向。这通常意味着要做出权衡取舍。你要完成标题部分，与老板讨论你最终是如何权衡成本、进度、范围、质量和风险的。你和老板必须对优先级有清晰的认识。以奖品配送中心项目为例，我的老板最重视按时完成，其次是成本。因此，我明白，在权衡进度和范围时，进度应该被赋予最高优先级。"

现在，随着我们计划在年底上线（我们做到了），早期合作的价值在成功完成项目中得到了充分体现：首先按时完成，其次在预算内完成，然后提供足够好的范围，成功应对最具挑战性的风险。

后记： 15年后的今天，当我写这本书时，奖品配送中心项目还在继续提供价值，集中的仓储、更快的存储和检索、自动化的起重机和可靠的电脑系统，整个项目以世界一流的、质量可靠的方式持续地组装奖品并交付给客户，承诺的时间达成率超过99%。

第7章

敏捷项目

在本章和接下来的两章中，我们将介绍敏捷OPPM。虽然讨论的是敏捷项目管理，但呈现方式与我们在第4、第5和第6章中介绍的传统OPPM相似。敏捷项目有5个基本组成部分，敏捷OPPM需要12个创建步骤、7个报告步骤。

我们将讨论敏捷"认真简化"的基本原则和实践，重点关注敏捷/Scrum。但对敏捷的讨论只限于提供一些基础知识，以便使用敏捷OPPM进行沟通。以下网站提供有关敏捷的更详细信息。

- 敏捷联盟：一个非营利组织，致力于推广和应用敏捷开发方法。

- Scrum 联盟：一个非营利组织，致力于改变全球的工作方式，推动组织变革。

- 项目管理协会：世界领先的非营利协会，致力于项目管理事业。

这些组织，加上成千上万的传统项目和敏捷项目书籍，以及大量的培训师和顾问，为今天的项目经理提供了广泛和深入的内容与认证。

《美国传统英语词典》（第4版）在其免费词典网站上将敏捷定义为"以快速、轻便和灵活的移动为特征；灵敏的"。这个定义当然适用于敏捷项目管理，它具有传统项目管理方法所不具备的灵活性和快速性。

项目经理在管理软件开发项目时所面临的挑战促进了敏捷方法的出现。敏捷方法最开始主要应用于软件开发实践，但现在成功地扩展到了其他领域。在软件开发领域，敏捷这个词包含了精益原则、Scrum方法论和极限编程（XP）中的适应性开发方法和客户协作元素。

敏捷项目管理还没有成熟到每个人都对其有绝对一致的理解以及定义方式。一些实践者强调敏捷的精益方面，有些人谈论适应性编程，有些人强调客户参与和合作。

敏捷运动本身是对传统项目管理方式的一种革命性反思。传统瀑布方法的问题、大量软件项目的失败，加速了学者和实践者对敏捷最佳实践的分享。

2001年，17位软件项目管理领域的领导者在犹他州的雪鸟滑雪胜地聚集，并发布了"敏捷宣言"。如在其网站上所概述的，敏捷价值观声明如下：

- 个体和互动高于流程和工具。
- 工作的软件高于详尽的文档。
- 客户合作高于合同谈判。
- 响应变化高于遵循计划。

这个团队随后制定了12条敏捷原则，以支持他们的愿景。这些原则展示了内容的丰富性、简洁性、充分性和高效性。这些原则是如此的清晰和重要，以至于可以直接列在这里，而不需要进一步的详细解释或阐述。

1. 我们最重要的目标是通过持续不断地及早交付有价值的软件使客户满意。

2. 欣然面对需求变化，即使在开发后期也一样。敏捷过程能够驾驭变化，从而为客户赢得竞争优势。

3. 频繁地交付可工作的软件，交付间隔可以是几周或一两个月，越短越好。

4. 业务人员和开发人员必须合作，在项目整个开发期间都如此。

5. 以有动力的个体为核心构建项目。提供所需的环境和支持，辅以信任，从而达成目标。

6. 不论团队内外，传递信息效果最好、效率最高的方式是面对面的沟通。

7. 可工作的软件是进度的首要度量标准。

8. 敏捷过程倡导可持续开发。发起人、开发人员和用户要能够共同保持稳定的开发速度。

9. 坚持不懈地追求技术卓越和良好设计，敏捷能力由此增强。

10. 以简洁为本，它是极力减少不必要工作量的艺术。

11. 最好的架构、需求和设计出自自组织团队。

12. 团队定期反思如何提高成效，并依此调整自身的行为。

敏捷的12条原则可以应用于信息技术项目和非信息技术项目。基本要素包括：

- 有意愿和能力进行快速调整和响应变化。

- 有一个合作、自组织、以客户为中心的团队。

- 迭代式增量交付可行的解决方案。

Scrum是使用最广泛的敏捷方法，也是我在敏捷项目中采用的方法。在应用于项目管理之前，Scrum这个词主要被用于橄榄球比赛中，意为球员必须一起合作才能争到球权。约翰·C. 古德帕斯丘（John C. Goodpasture）在他的书《敏捷项目管理：企业级实践与案例》（*Project Management the Agile Way: Making It Work in the Enterprise*）中指出："在橄榄球比赛中，Scrum的目标是通过团队成员实时改进和自组织的策略来移动球。"正是团队合作使得Scrum方法非常适合敏捷项目管理。

在进行咨询和培训时，我们对Scrum是这样描述的：

- Scrum 是一种敏捷方法，它让我们专注于在最短的时间内交付最高的商业价值。
- 它允许我们快速且重复地评审实际工作的软件（每两周到一个月）。
- 它要求确定业务优先级。团队以自组织的方式确定交付最高优先级产品特性的最佳方式。
- 每两周或每个月，任何人都可以看到实际工作的软件，并决定是按原样发布还是继续增强以供将来发布。

敏捷/Scrum的特点包括：

- 自组织的团队。
- 把需求放入持续更新的待办事项列表中进行管理和细化。
- 产品在一系列冲刺和发布中持续演进。
- 有一些特定的工程实践。
- 创建敏捷环境，促进合作。

下面举一个实例来对敏捷和Scrum方法论进行解释。假设你的组织正在为全球卫星定位系统（GPS）开发软件，用于帮助汽车驾驶员导航。设备包含一系列的特性，但用户（如市场营销人员和高层管理者）需要与敏捷产品负责人合作，决定哪些特性值得开发，哪些特性不值得花时间和精力开发，并在项目进展中不断地调整优先级。

公司可能会选择开发一个满足基本需求的低配产品或拥有大量特性的顶配产品。例如，产品可能会显示地图和道路，并指示司机去哪里，但没有语音提醒。或者设备同时支持图像和音频，但只使用女性的声音。或者既包括男性的声音也包括女性的声音，并让用户自行选择。或者可以提供一系列有美国口音、英国口音、法国口音或爱尔兰口音的语音提醒。

软件产品可以通过迭代创建特性。假设公司决定，为了提高竞争力，所有这些特性都是必要的，但完全开发它们需要很长时间，因此可以考虑在后续的开发中逐渐引入这些特性。

最初，GPS软件将引进图像和女性的声音，男性的声音在三个月后更新，再过三个月，将不同口音的声音更新到软件中去。公司将逐步推出这些特性。

不是每个项目都可以迭代开发，这就是为什么敏捷方法在某些情况下适用，而在其他情况下不适用。例如，如果建造飞机，你不能单独交付机翼，然后单独交付机身、发动机、驾驶舱仪表和乘客座椅。那没有意义，因为飞机不组装起来，客户就无法使用产品，但是对可以交付部分特性的GPS软件，敏捷方法是非常有用的。

如图7.1示，敏捷项目也有5个基本组成部分，类似于图4.1所描述的传统项目。但在传统项目中，我们更关注个体，而在敏捷项目中，我们更关注团队。在传统项目中，我们关注成本管理，而在敏捷世界中，资源是固定的。进度管理对传统项目来说至关重要，而敏捷实践者使用固定的时间盒进行计划。传统项目像瀑布一样逐级推进，一步一步地完成，最后一次性交付。而敏捷项目通过在一次次的冲刺中发布特性，追求频繁、小规模的交付。

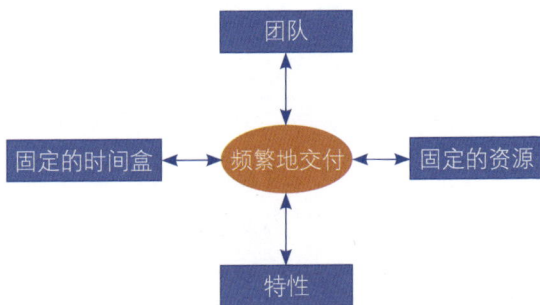

图7.1　敏捷项目的5个基本组成部分
版权所有：OPPMi 2012

让我们更仔细地看看敏捷项目的这5个基本组成部分。如图7.2所示，我将这5个基本组成部分进行了分解。

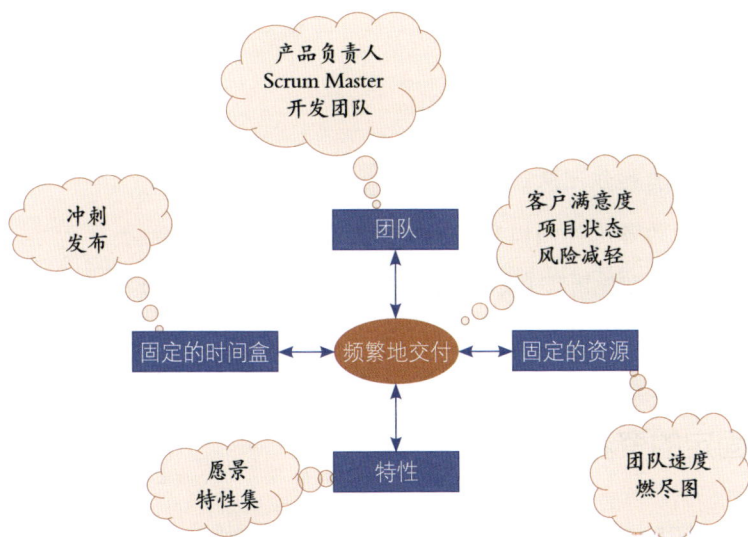

图7.2 敏捷项目的5个基本组成部分
版权所有：OPPMi 2012

团队

产品负责人：

- 为团队定义产品特性并排列优先级。

- 根据需要在每个冲刺中重新调整特性和优先级。

- 确定发布日期。

- 接受或拒绝可交付物。

Scrum Master：

- 指导协作和合作。

- 代表管理层管理团队。

- 消除障碍和干扰。
- 激发生产力。

开发团队：

- 自组织团队。
- 为每次冲刺固定配备 5~9 名成员。
- 跨职能团队（设计人员、开发人员、测试人员等）。
- 全职工作。

固定的资源

团队速度：通过计算在一定时间间隔内能完成的工作单位数量来得出。团队速度是衡量敏捷团队生产力的一种方法。工作单位可以是开发小时或敏捷的"故事点"。Scrum Master 监控团队速度，开发团队寻求团队速度的提高。团队速度是确定项目范围和冲刺待办事项列表规模的重要度量标准。

燃尽图：显示剩余开发工作与时间关系的图表。纵轴表示在指定时间盒内尚未完成的待办事项。横轴表示时间，比如在两周的冲刺内的10个工作日。

最左边的点（也是纵轴上最高的点）表示一个冲刺内估算的总工作量。最右边的点是冲刺的预计结束日期。在这两个点之间绘制的直线是预期的待办事项燃尽图，其斜率是预期的团队速度。随着工作不断完成，实际剩余的待办事项会被绘制出来，形成一条斜率向下的曲线。实际进度与计划进度之间的差异就是这两条线之间的差距。燃尽图有些违反人们的直觉，因为实际完成的线在预测线的下方代表绩效更好，而在上方代表绩效变差。人们的直觉往往认为向上的曲线是更好的。尽管如此，燃尽图仍然是一个非常强大的工具，能帮助敏捷项目经理监控和沟通项目状态。

特性

愿景：敏捷愿景是一个拥有灵活性和适应性的项目目标。愿景定义了以客户为中心的业务目标。

特性集：参考极限编程（XP）实践，敏捷社区采用了"特性"这一来自特性驱动开发的概念。特性是客户认为有价值的小功能。特性集就是集合到一起的一系列特性。

固定的时间盒

冲刺：在敏捷/Scrum中，冲刺是指在为期2~4周的时间内，开发团队创建一个或多个潜在可交付的产品增量。冲刺计划中的特性是从产品待办事项列表中选取的。产品待办事项列表是一组按优先级排列的高级开发需求。

发布：一次发布是一个计划或交付周期，可能来自一个或多个冲刺。

阿兰·沙洛维（Alan Shalloway）在文章《卓越表现者：

敏捷软件开发方法》（*Stellar Performer: The Agile Approach to Software Development*）中讨论了最小可销售特性（Minimal Marketable Feature，MMF）的概念。该文章被收录在埃里克·韦如的《MBA速成教程：项目管理》（第4版）中。他指出："MMF是一个尽可能小并值得花费成本的有价值的特性集。MMF使增量交付成为可能。它确实需要企业以一种全新的方式思考：如何将整体特性进行分解，以便增量地交付最大价值。"

频繁地交付

客户满意度：这是敏捷的第一条原则——我们最重要的目标是通过持续不断地及早交付有价值的软件使客户满意。卡尔加里大学的克里斯·曼（Chris Mann）在互联网上发布了一篇文章，标题为《Scrum对加班和客户满意度影响的案例研究》（*A Case Study on the Impact of Scrum on Overtime and Customer Satisfaction*），这篇文章指出："引入Scrum后，客户满意度提高，同时开发人员的加班减少（允许开发人员以可持续性的速度工作）。"此外，敏捷的第三条原则，即"频繁地交付可工作的软件"，也能提高客户满意度。

项目状态：用于与干系人展示和沟通项目绩效。传统项目管理对成本和进度状态给予强烈关注。具有固定时间盒和固定资源的敏捷项目管理更聚焦于频繁交付。敏捷使用燃起图展示已完成的工作。查看敏捷状态最好是亲自去敏捷团队的房间观察，墙上会挂有"信息发射源"，里面包含了各种表格、图形和待办事项列表。

风险减轻：风险是可能影响项目目标的不确定事件，敏捷从根本上减少或减轻了项目风险，因为它鼓励频繁交付、适应变化、细化优先级和持续审查。

图7.3是敏捷OPPM的模板，该模板涵盖敏捷项目的5个基本组成部分。

第8章和第9章中的图表来自坦纳公司ERP软件实施项目的Front Office部分。

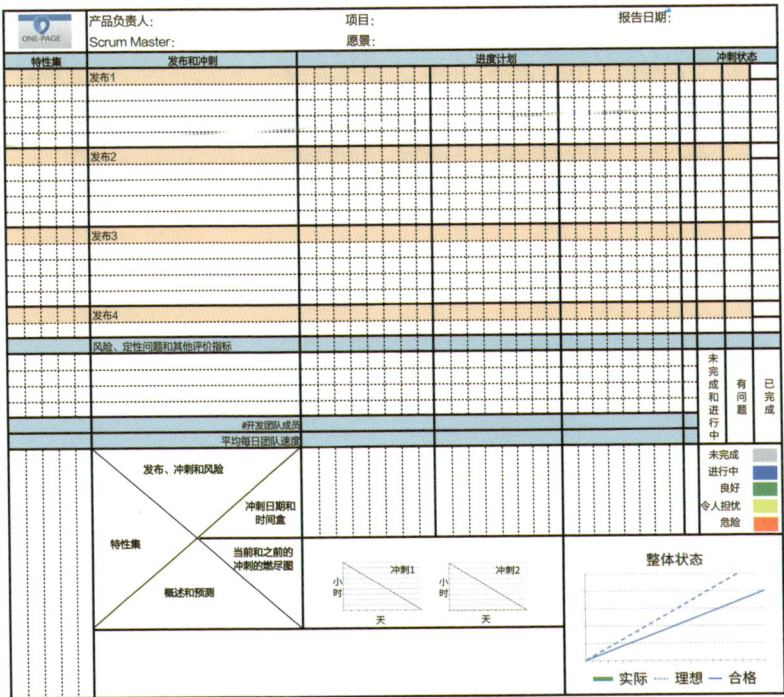

图7.3 敏捷OPPM的模板

版权所有：OPPMi 2012，彩色PDF模板可从OPPMi官网获得

第8章

敏捷OPPM的12个创建步骤

图7.3展示了敏捷OPPM的模板。创建它所需的12个步骤在图8.1中可以看到。

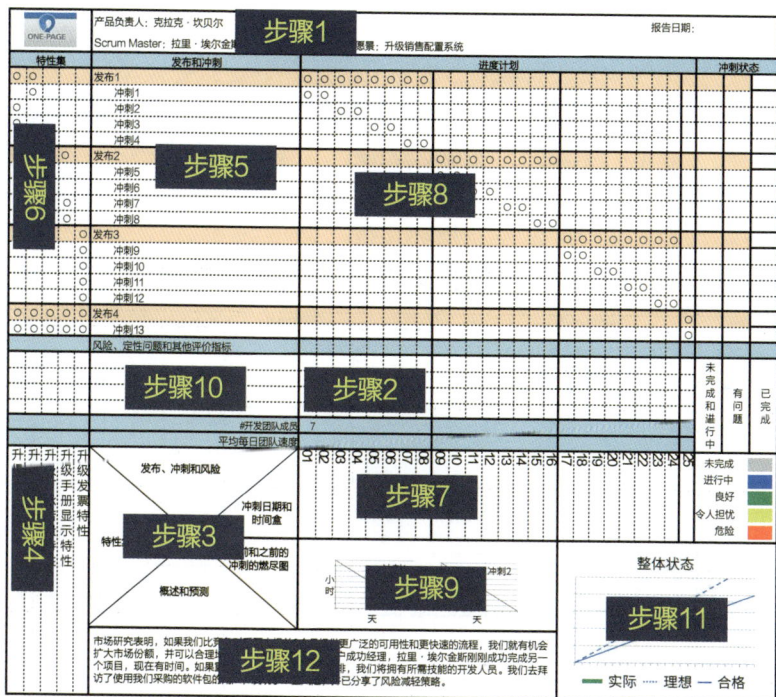

图8.1　敏捷OPPM的12个创建步骤
版权所有：OPPMi 2012，彩色PDF模板可从OPPMi官网获得

步骤 1：标题

是什么

第一步是提供项目的基本信息。这些信息放在表格顶部的

高亮矩形区域（见图8.2）。

基本信息包括以下几项。

- 项目：Cornerstone-Front Office。
- 产品负责人：克拉克·坎贝尔。
- Scrum Master：拉里·埃尔金斯。
- 愿景：升级销售配置系统。
- 报告日期。

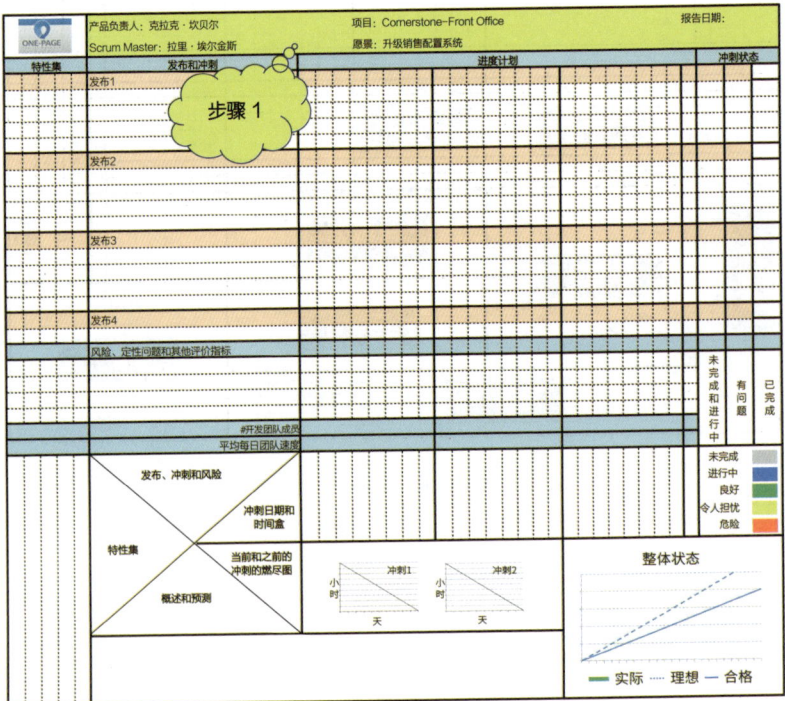

图8.2 步骤1：标题

版权所有：OPPMi 2012，彩色PDF模板可从OPPMi官网获得

如何操作

在这一部分，敏捷OPPM与传统OPPM在创建方式上相似。一个显著的不同是包含了Scrum Master。与传统的目标和子目标不同，敏捷中使用愿景和特性集。

如第7章所述，愿景类似于传统项目的项目目标，但不会写得很具体，并预期会发生变化。这是产品负责人和Scrum Master在与老板会面后接受的项目任务。在这个案例中，项目愿景是升级销售配置系统。

接下来需要与老板讨论对预算、进度和愿景的期望。

这需要Scrum Master、产品负责人和老板之间进行协作。有些组织可能不要求Scrum Master参加，但我建议Scrum Master参加这次会议。

关于Scrum Master，Mountain Goat 软件公司很好地描述了这个职位及其职责：

> Scrum Master负责确保Scrum团队遵循Scrum的价值观和实践。Scrum Master通常是团队的教练，帮助团队尽可能做好工作。Scrum Master也可以是团队的流程负责人、平衡项目的关键干系人（产品负责人）。

项目名称的命名与传统OPPM本质上是一样的。报告日期尚未填写，因为当前还没有报告。

步骤 2：开发团队

是什么

如图8.3所示，开发团队是指开发软件的团队。通常，Scrum团队应该被永久性地分配到一个项目中。这很重要。根据我的经验，团队的最佳规模为5~9人；在我们的案例中，团队有7名成员，他们已经被分配到项目中。

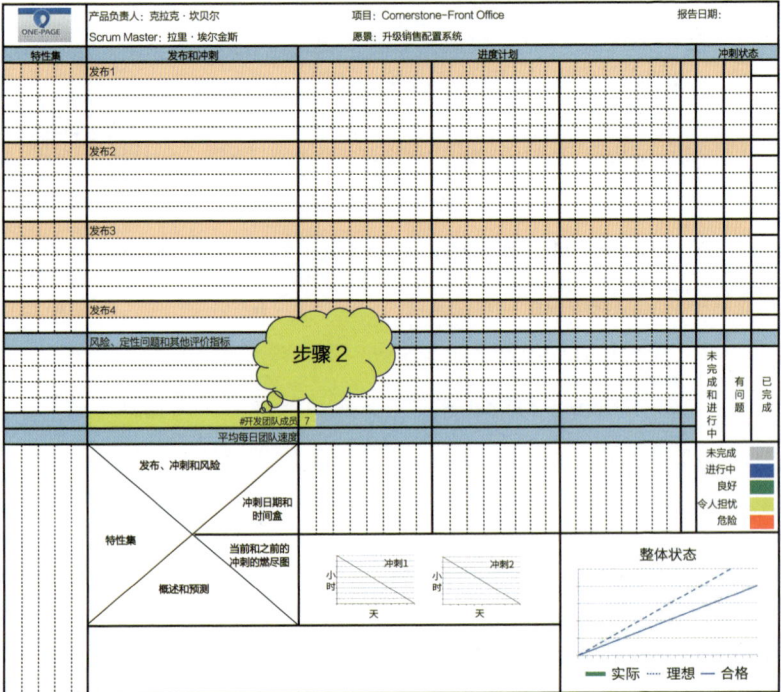

图8.3　步骤2：开发团队
版权所有：OPPMi 2012，彩色PDF模板可从OPPMi官网获得

OPPM提醒产品负责人和老板需要对开发团队进行选择。如果可能的话，最好让所有团队成员在同一个地点工作。

让团队成员参与到项目中需要得到其上级的批准。通常需要额外的努力来确保你能获得你所需的人员，这种努力是一种很有价值的投资，会在短期内有所回报。

如何操作

敏捷团队通常比传统项目团队规模更小，并且工作距离更近。团队成员需要具备足够的技能来完成工作。团队是跨职能的，必须愿意并且能够自我组织。

步骤3：矩阵

是什么

如图8.4所示，敏捷OPPM矩阵与传统OPPM矩阵相同；它是OPPM的中心枢纽，所有点都在这里交会。

如何操作

与传统OPPM一样，你需要召集团队，共同讨论如何处理项目。

产品负责人和Scrum Master负责两方面的培训：

1. 敏捷项目管理基础培训，即敏捷项目管理的技术。

2. 敏捷OPPM培训，对敏捷OPPM知识进行讲解。

产品负责人：克拉克·坎贝尔	项目：Cornerstone-Front Office	报告日期：
Scrum Master：拉里·埃尔金斯	愿景：升级销售配置系统	

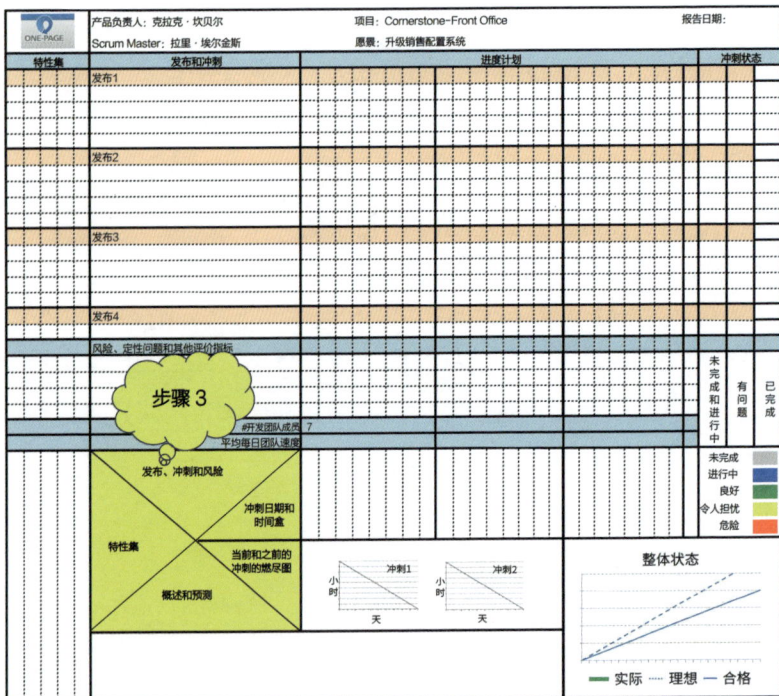

图8.4　步骤3：矩阵

如果你的团队经验丰富，你只需要讲解敏捷OPPM的知识即可，而不需要进行敏捷项目管理基础培训。经验不足的团队可能需要进行外部培训，以及了解敏捷OPPM的运作方式。

在这里，人们可以充分讨论关于传统项目管理与敏捷项目管理之间的两极分化的认知，因为敏捷主义者和传统主义者为了支持他们的方法，会过于夸大两者之间的差异。如果这些讨论能够促进团队相互理解和融合，那么这些讨论是有价值的，因为许多项目需要这些方法的融合。

如今纯传统或纯敏捷的项目越来越少。明智的管理者会使用混合开发方法，以更好地适用于他们的组织、人才和项目类型。

吉姆·海史密斯（Jim Highsmith），"敏捷宣言"作者之一，他在《敏捷项目管理：快速交付创新产品》（第2版）（*Agile Project Management:Creating Innovative Products,2nd Edition*）一书中写道："传统的项目经理倾向于将需求作为范围的定义，然后集中精力交付这些需求。敏捷项目领导者专注于交付价值，并不断思考不同的范围描述是否与它们交付的价值相当。"

步骤4：特性集

是什么

与客户合作，能够发现对客户有价值的某些特性集。

如前面GPS软件的案例中，特性集是屏幕上的道路图像、男性或女性的语音提醒，以及带有各种口音的语音提醒。

如图8.5所示，特性集是：

- 升级订单设计特性。
- 升级定价特性。
- 升级可承诺量特性。

- 升级手册显示特性。
- 升级发票特性。

如何操作

敏捷项目有许多特性或"组块"，这些特性将为项目提供商业价值。

敏捷OPPM上不会显示所有的特性。因此，你的团队和客户应该寻找共性，并按照相似性将它们分成合理的集合。

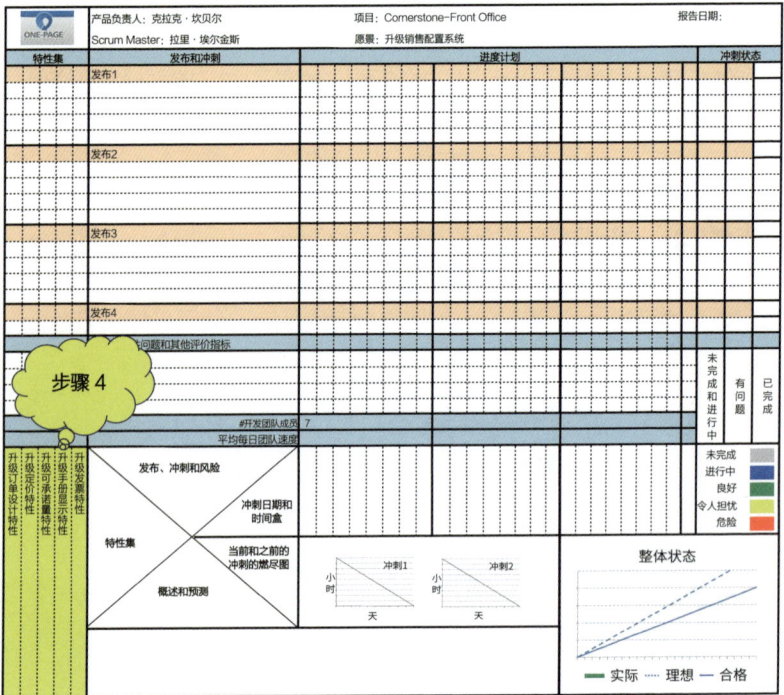

图8.5　步骤4：特性集

版权所有：OPPMi 2012，彩色PDF模板可从OPPMi官网获得

步骤 5：发布和冲刺

是什么

　　敏捷发布计划是客户和开发团队之间协作的成果。一旦确定了特性，并将它们归入特性集，开发团队就会估算工作量，并将其作为优先级排序的基准。故事点或开发小时是最常见的参数。我更倾向于使用开发小时，因为敏捷项目团队之外的人更容易理解。

　　在敏捷/Scrum中，冲刺是一个可重复的工作周期，通常持续2~4周，在这段时间内，团队会创建一个可交付的产品。产品负责人负责排列特性的优先级，并确定何时发布。每个冲刺都在前一个冲刺的基础上迭代，逐步为客户交付价值。

　　在第7章的案例中我们提到，敏捷方法不是向客户提供一个完全完成的产品，如飞机，而是频繁地向客户交付小型迭代的产品。

如何操作

　　冲刺数量是在发布计划中确定的。你需要确定每个发布中包含多少个冲刺。通常，每个发布的冲刺数量为4~12个。

　　如图8.6所示，在这个案例中有4个发布，前3个发布中每个有4个冲刺，而最后一个发布只有一个冲刺。在软件项目中，最后一个冲刺通常用于修复漏洞，且仅有一个发布。团队在每个冲刺中都会修复漏洞，以最终交付可工作的软件。经验表明，设置一个专门清理近期发现或延迟的非关键漏洞的总结性冲刺，是一种良好实践。

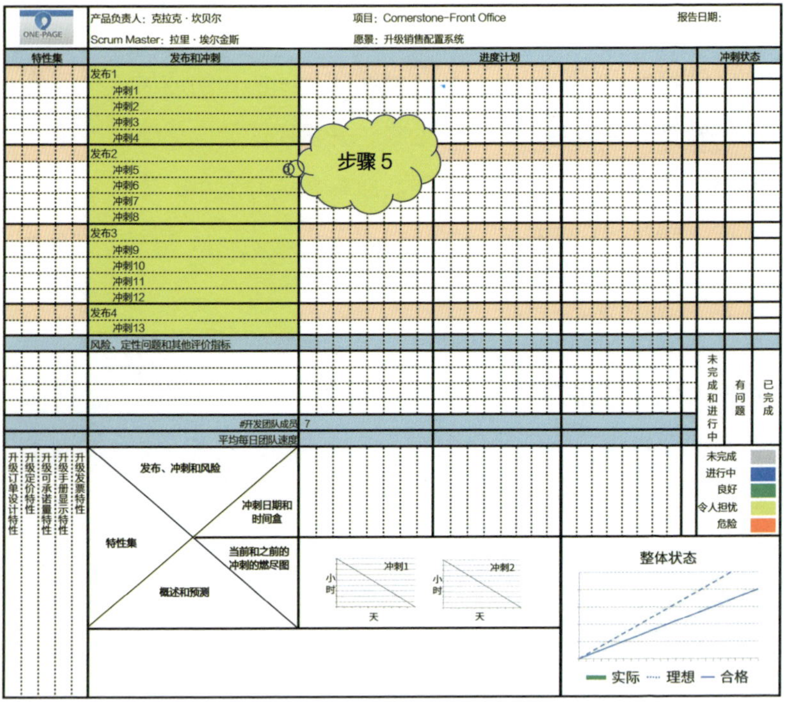

图8.6　步骤5：发布和冲刺

版权所有：OPPMi 2012，彩色PDF模板可从OPPMi官网获得

步骤6：让冲刺和特性集保持一致

是什么

在这一步，你利用高层次计划的结果来展示每个冲刺和发

布中包括了哪些特性集。有充分的证据表明，一次只计划一个或两个发布的特性集是合理的。在OPPM上显示的冲刺和发布数量取决于团队的经验和客户的期望。这在图8.7中有所说明。

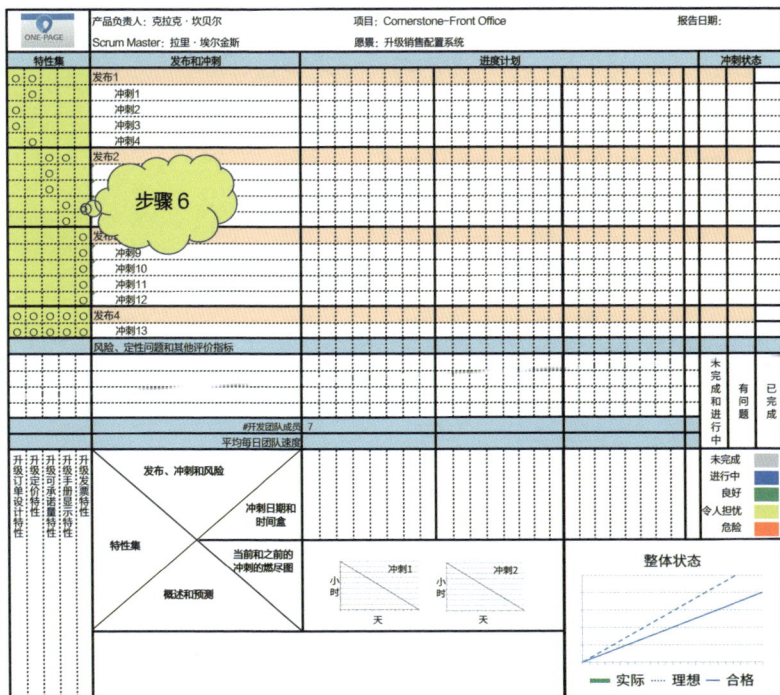

图8.7　步骤6：让冲刺和特性集保持一致
版权所有：OPPMi 2012，彩色PDF模板可从OPPMi官网获得

如何操作

有些人认为敏捷不需要做计划。恰恰相反，在敏捷中，团队是需要做计划的，只是这个计划需要不断地调整。

在Cornerstone项目中，发布1与以下特性集对应：升级订单设计特性和升级定价特性。这从发布1对应的圆圈可以看出。在那下面，你可以看到哪个特性集与哪个冲刺相关。请注意，在最终的发布（发布4）中会进行漏洞修复，所有特性集都与最终冲刺（冲刺13）相关，因为所有特性集都将进行漏洞修复。

步骤7：冲刺日期和时间盒

是什么

如图8.8所示，这是按周显示的时间盒，每个冲刺持续2周。项目计划一共是25周，因此进度计划一共列出了25周的时间线。我们将每周报告进展。

如何操作

敏捷项目的时间线与传统项目的上线日期的含义截然不同，这种不同不是哪个更好或更差。当技术确定且产品需求是稳定或常规的时，传统项目最有效。当技术不确定或处于前沿，产品需求波动或不可预测时，敏捷项目最有效。

如第5章所述，在承诺完成日期之前，你需仔细考虑承诺的内容。与传统项目不同，传统项目承诺的是一次性按时交付所有范围的内容，而敏捷项目承诺的是在固定周期内逐步且频繁交付可工作的解决方案。

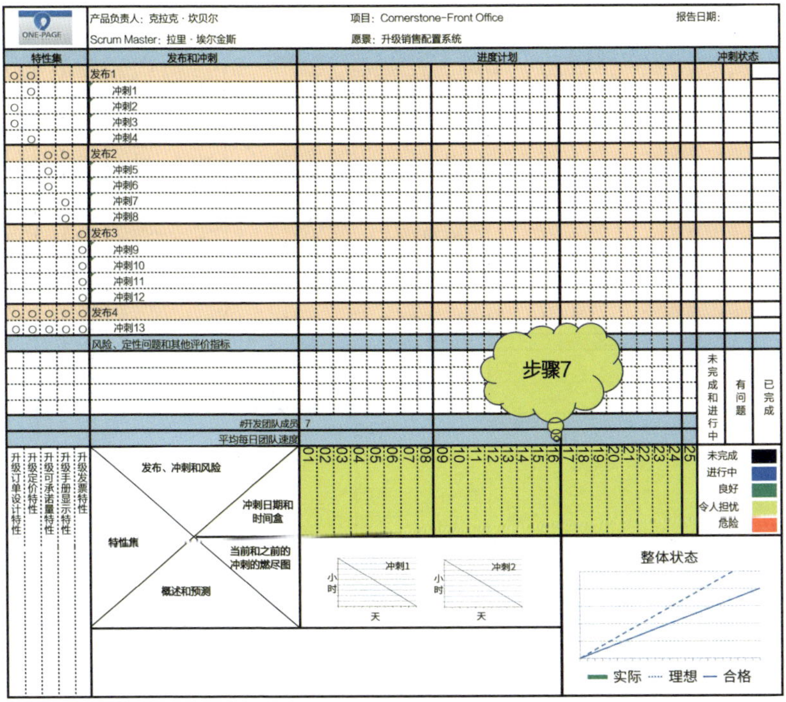

图8.8 步骤7：冲刺日期和时间盒

版权所有：OPPMi 2012，彩色PDF模板可从OPPMi官网获得

步骤 8：进度计划

是什么

如图8.9所示，我们将发布和冲刺与时间盒相关联。

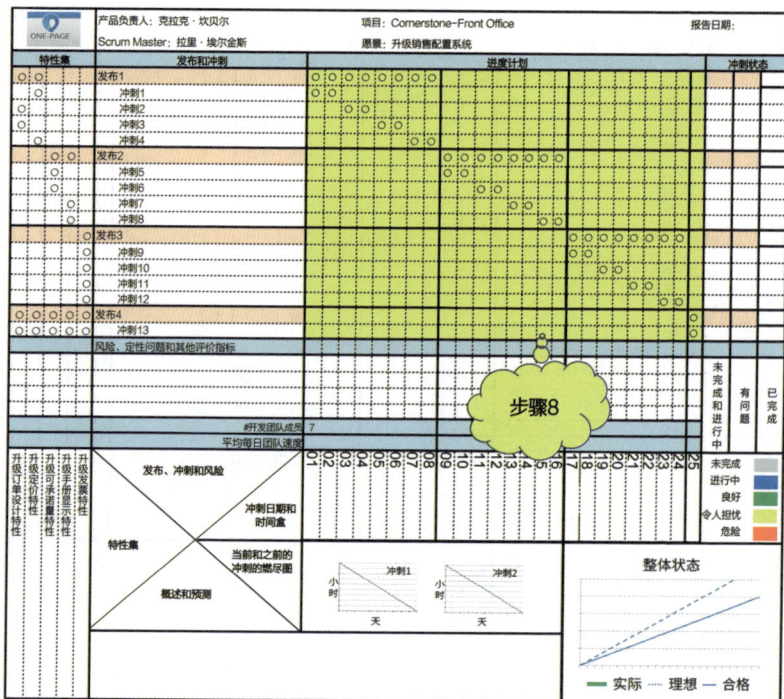

图8.9　步骤8：进度计划

版权所有：OPPMi 2012，彩色PDF模板可从OPPMi官网获得

如何操作

如图8.9所示，这是我们冲刺/发布计划的可视化展示，在这里显示了总的冲刺数量以及每个发布计划的冲刺数量。在我们的案例中，每个发布需要8周时间。发布1计划在第1周到第8周完成；发布2计划在第9周到第16周完成；发布3计划在第17周到第24周完成。最后的发布，即发布4（最终漏洞修复）计划用

一周完成。

在每个发布标题行中，每周都会放置一个空心圆圈，因为发布预期需要这么长的时间。标题行下方是每个冲刺，每个冲刺计划为2周。冲刺1计划从第1周到第2周；冲刺2计划从第3周到第4周；冲刺3计划从第5周到第6周；以此类推。

通过查看OPPM，你可以形象地看到每个发布（例如，发布1从第1周开始，到第8周结束）和每个冲刺的开始日期和结束日期。读者可以轻松快速地看到每个发布和冲刺需要投入的时间，以及发布和冲刺计划何时开始和结束。

步骤 9：待办事项燃尽图

是什么

如图8.10所示，这一步会涉及计划在每个OPPM上显示的两个燃尽图。这些图展示了每个冲刺的开发进度。燃尽图可以应用于任何随时间测量进度的项目，不过它们通常不适用于传统项目。燃尽图是敏捷实践者最重要的工具之一。

如何操作

在这一步中，我们在OPPM上展示了上一个冲刺和当前冲刺的燃尽图。燃尽图也可以通过发布来显示。这一步是仔细讨论燃尽图的价值和开发团队所需输入的好时机。

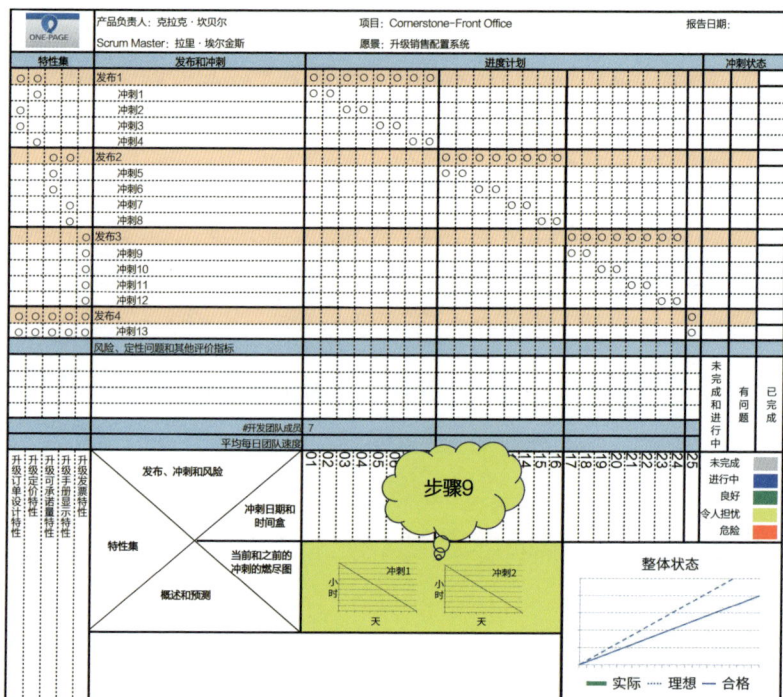

图8.10　步骤9：待办事项燃尽图

版权所有：OPPMi 2012，彩色PDF模板可从OPPMi官网获得

步骤 10：风险、定性问题和其他评价指标

是什么

正如我们在讨论传统OPPM的这一步时所指出的，这部分涉及项目的主观方面或定性方面（见图8.11）的问题。每个项目都有难以进行定量分析的方面。可接受的软件性能的标准是

什么，往往难以言说。界面在1秒或2秒内出现可能是可接受的，也可能无法接受。一定程度的定制可能是可接受的，也可能无法接受。我们用交通灯颜色（红色、黄色和绿色）来报告绩效。

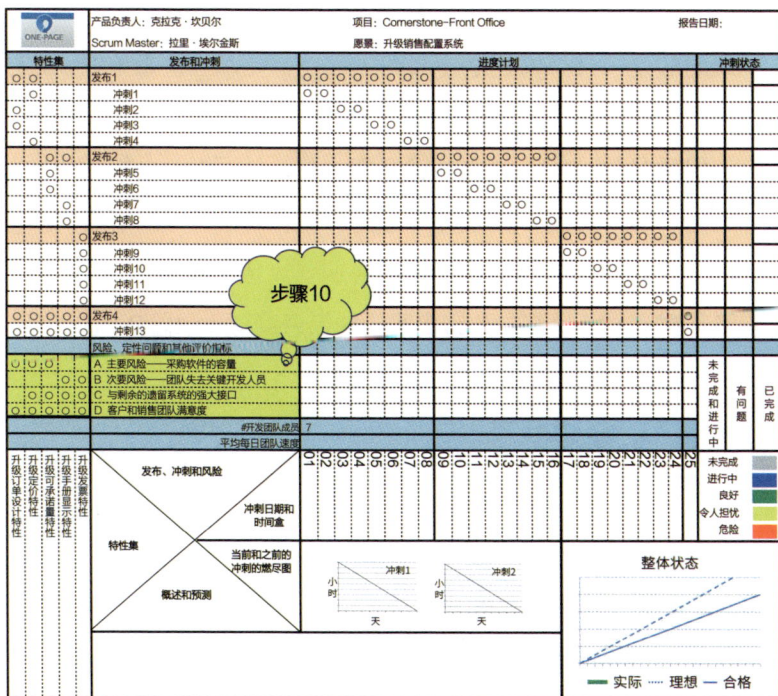

图8.11 步骤10：风险、定性问题和其他评价指标
版权所有：OPPMi 2012，彩色PDF模板可从OPPMi官网获得

如何操作

风险与特性集对应。在图8.11中，主要风险是"采购软件

的容量"，这个风险与升级订单设计特性、升级定价特性和升级可承诺量特性的特性集相对应。

我们要替换的遗留系统的功能，远远比我们的软件供应商预期的要复杂。再加上我们的内部客户和外部客户所要求的新功能，已确定的需求注定要失败。可以想象，在这个项目中，围绕到底是内部开发还是外部购买软件，会产生大量争论，这也让我们认识到了这个非常真实的项目的风险。

然后是与"团队失去关键开发人员"（风险B）相关的次要风险，因为关键开发人员对遗留系统的设计有深入了解。其他风险主要有"与剩余的遗留系统的强大接口"（风险C），以及最重要的，"客户和销售团队的满意度"（风险D）。

步骤 11：整体状态

是什么

如图8.12所示，整体状态部分会使用燃起图为高层管理者和其他干系人提供状态报告。我们刚刚讨论的燃尽图显示剩余了多少待办事项，而燃起图则展示了已经完成的工作量，以及项目总体的进展。在这里，直线的斜率向上是好的，向下是不好的。

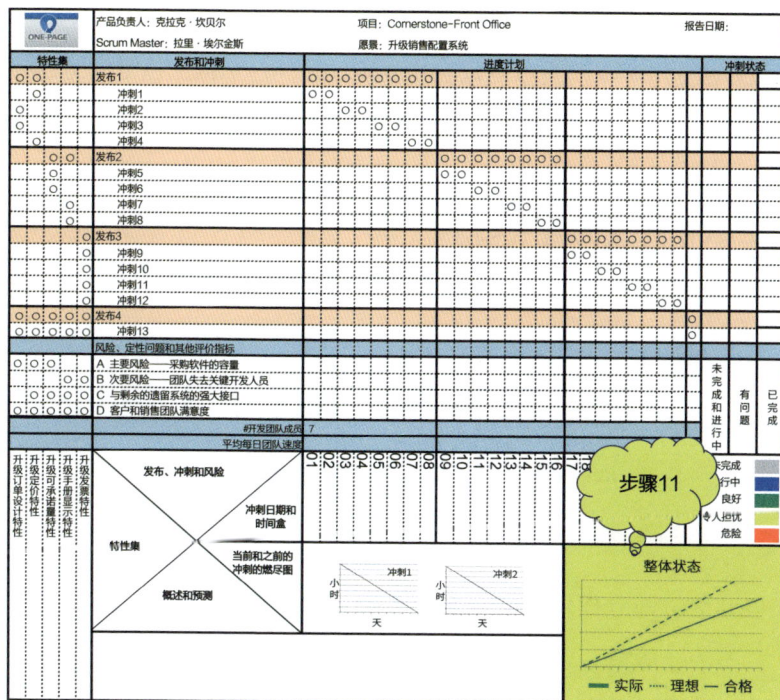

图8.12 步骤11：整体状态
版权所有：OPPMi 2012，彩色PDF模板可从OPPMi官网获得

实线代表合格的绩效（接受下限），虚线代表理想的绩效。敏捷实践者将这两条线之间的区域称为"幸福锥"，因为这是对绩效感到满意的区域。理想线通常比团队预期的速度高出大约10%，而合格线通常会低10%。因此，如果你的绩效在这两条线之间，你的燃烧率就是符合预期的。

141

如何操作

在第9章我们将用彩色柱状条填充OPPM的这一部分，通过创建图表，让读者知道我们相对于这两条状态线的位置。

步骤 12：概述和预测

是什么

敏捷OPPM现在只剩下这部分还没有完成。在这里，你会告诉读者项目进展如何，以及你对不远的将来的预测。

如何操作

这一部分提供的空间并不多，这是有原因的。OPPM，无论是传统版本还是敏捷版本，主要是使用图形传递信息，目的是充分利用图形简洁地描述情况。如果你对项目及其进展发表长篇大论，你就违背了OPPM的初衷。

因此，这部分提供的内容一般不用于解释。但人们知道有时需要一些补充描述，因为图形不能传达所有重要信息。这部分就用于补充那些缺失的信息。这里对OPPM明确展示的信息不作重复。

如图8.13所示的示例，其内容如下：

市场研究表明，如果我们比竞争对手至少提前6个月提供更广泛的可用性和更快速的流程，我们就有机会扩大市场份额，并可以合理地提高定价。我们的高级客户成功经理，拉里·埃尔金斯刚刚成功完成另一个项目，现在有时间。如果重新调整他们当前的任务安排，我们将拥有所需技能的开发人员。我们去拜访了使用我们采购的软件包的用户，发现了一些风险，并已分享了风险减轻策略。

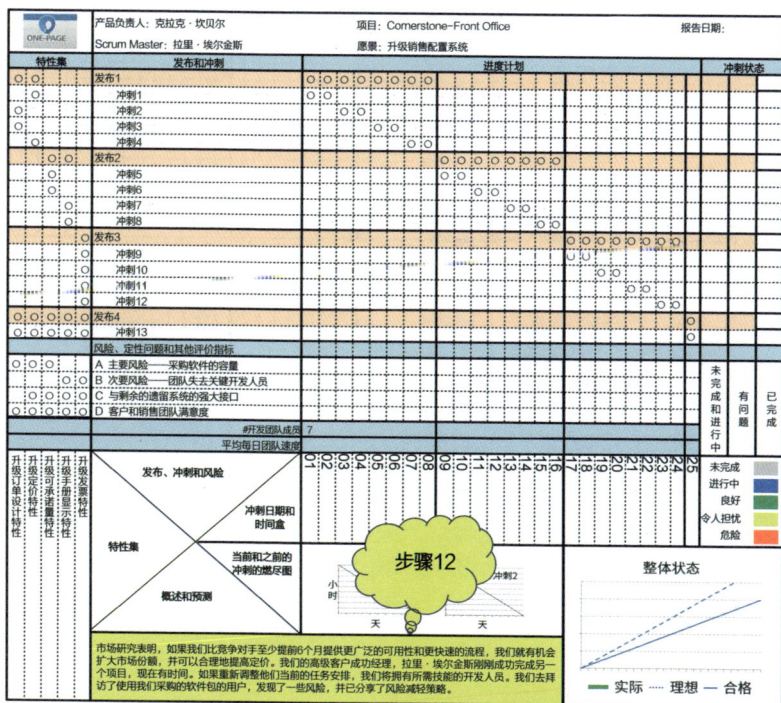

图8.13 步骤12：概述和预测
版权所有：OPPMi 2012，彩色PDF模板可从OPPMi官网获得

如图8.14所示，这是你完成了敏捷OPPM 12个创建步骤之后的最终成果。这一页纸展示了整个计划，并已提交给管理

层，以获得资金和启动Cornerstone-Front Office项目的批准。

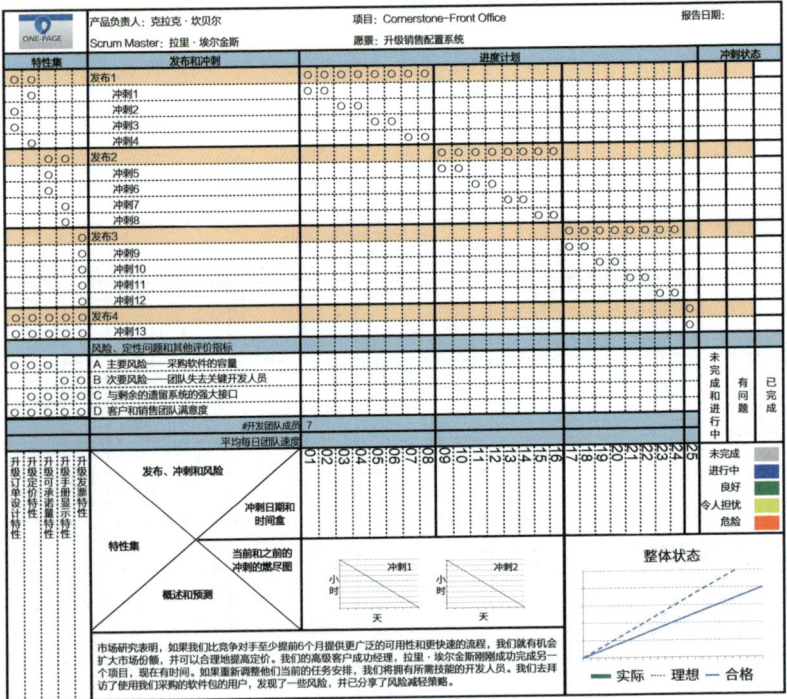

ONE-PAGE	产品负责人：克拉克·坎贝尔	项目：Cornerstone-Front Office	报告日期：
	Scrum Master：拉里·埃尔金斯	愿景：升级销售配置系统	

特性集	发布和冲刺	进度计划	冲刺状态
	发布1		
	冲刺1		
	冲刺2		
	冲刺3		
	冲刺4		
	发布2		
	冲刺5		
	冲刺6		
	冲刺7		
	冲刺8		
	发布3		
	冲刺9		
	冲刺10		
	冲刺11		
	冲刺12		
	发布4		
	冲刺13		
	风险、定性问题和其他评价指标		未完成和进行中 / 有问题 / 已完成
	A 主要风险——采购软件的容量		
	B 次要风险——团队失去关键开发人员		
	C 与剩余的遗留系统的强大接口		
	D 客户和销售团队满意度		
	#开发团队成员 7		
	平均每日团队速度		

升级订单设计特性 | 升级定价特性 | 升级可承诺量显示特性 | 升级发货特性 | 升级手册显示特性

发布、冲刺和风险
冲刺日期和时间盒
特性集
当前和之前的冲刺的燃尽图
概述和预测

冲刺1　冲刺2　（小时 / 天）

整体状态

未完成进行中 / 良好 / 令人担忧 / 危险

—— 实际 ······ 理想 —— 合格

市场研究表明，如果我们比竞争对手至少提前6个月提供更广泛的可用性和更快速的流程，我们就有机会扩大市场份额，并可以合理地提高定价。我们的高级客户成功经理，拉里·埃尔金斯刚刚成功完成另一个项目，现在有时间。如果重新调整他们当前的任务安排，我们将拥有所需技能的开发人员。我们去拜访了使用我们采购的软件包的用户，发现了一些风险，并已分享了风险减轻策略。

图8.14　敏捷项目OPPM：Cornerstone-Front Office项目
版权所有：OPPMi 2012，彩色PDF模板可从OPPMi官网获得

第9章

敏捷OPPM的7个
报告步骤

接下来使用我们刚刚创建的OPPM进行报告。第8章中介绍的项目是我在坦纳公司管理的一个软件项目，名为Cornerstone，该项目主要是部署SAP软件，包括财务、制造、供应链、Front Office等组件。我的第二本书《一页纸IT项目管理：大道至简的实用管理沟通工具》的第6章详细讨论了这个项目。对于这个项目，OPPM是必不可少的，我们将以敏捷OPPM格式呈现Front Office部分。传统的项目管理方法面临着大规模的上线挑战，这迫使我们采用新兴的敏捷方法。这个项目完成后不久，坦纳公司得到了CIO杂志的认可。下面的内容引自《IT管理新闻》（2004年8月23日）：

坦纳公司能够将"IT敏捷性与企业敏捷性结合起来，以便快速行动、智能适应并在快速变化的世界中创造优势"，因此坦纳公司入选了CIO杂志的"Aigle100"。（CIO的"Agile 100"是2004年发布的一份调研报告，旨在探讨敏捷管理对组织有效性的影响。——译者注）

杂志社将于8月24日在科罗拉多斯普林斯为坦纳公司和其他领先企业颁奖，这些企业有联邦快递、普信集团、戴尔、贝尔通信、哈佛商学院、通用汽车。

坦纳公司因使用敏捷软件开发方法论在一年内实施了1000多个业务系统增强功能，为制造、供应链和面向客户的流程提供了强有力的IT支持。

"从2002年年初开始，我们的IT组织开始实施精益和敏捷方法，这些方法显著提高了我们组织的生产力并加强了与业务的联系。"高级副总裁兼首席信息官戴维·伯格（David Berg）说。

如图9.1所示，我们展示了第13周结束时项目的整体情况。

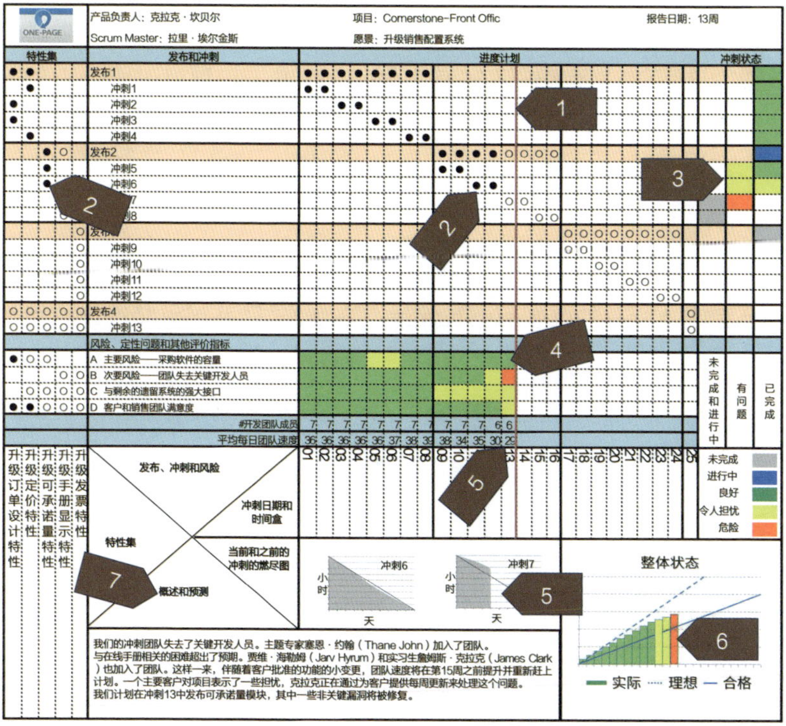

图9.1　敏捷OPPM的7个报告步骤

版权所有：OPPMi 2012，彩色PDF模板可从OPPMi官网获得

使用 OPPM 创建报告的 7 个步骤

在每个报告日期临近结束时，你会与项目负责人会面并完成以下任务。

步骤1

我们在当前时间（第13周和第14周之间）插入红色垂直线。这可以让读者快速知道这个OPPM报告在项目时间线上的位置。同时在右上角填写报告日期。

步骤2

右侧2号箭头指向的圆圈显示了各冲刺的完成情况。发布1已完成，所有的圆圈都已被涂黑。左侧2号箭头显示特性集的完成情况。

我们目前正在进行发布2。这由与发布2相关的圆圈来表示。发布2从第9周到第16周。你可以看到，发布1已完成，因为所有的圆圈都已被涂黑，发布3尚未开始，因为空心圆圈表示这个发布要到第17周才开始。

发布2中紧靠红色垂直线的圆圈没有被涂黑，表示这个发布存在问题。你可以看到，问题出现在冲刺7，这个冲刺上周的计划没有完成。

因此，特性集"升级手册显示特性"受到影响。不过，整个特性集还有三周的时间。冲刺计划要求再花一周时间完成冲刺7，花两周时间完成冲刺8。

步骤3

3号箭头指的是冲刺状态。发布1显示为绿色，意味着绩效良好。在冲刺状态报告下方的图例中，你可以找到每种颜色的含义。冲刺状态报告下方的"未完成和进行中"列和"有问题"列相对于发布1是白色的，表示待办事项已清空，没有严重问题。

发布2显示为蓝色，表示正在"进行中"。冲刺5存在问题（所以"有问题"列是黄色的），但"已完成"列是绿色的，意味着绩效良好。

冲刺6的待办事项已完成，所以"未完成和进行中"列是白色的。然而，后面两列（"有问题"列和"已完成"列）是黄色的，这意味着这个冲刺令人担忧。尽管由于一些悬而未决的问题让我们担忧，我们还是决定将这个冲刺包含在计划的发布2中。

冲刺7的"未完成和进行中"列是灰色的，灰色代表未完成，即其对应的特性包含在这个冲刺的待办事项中。"有问题"列是红色的，表示我们非常担心其绩效。

冲刺8的"未完成或进行中"列是灰色的，表示尚未采取措施开始减少这个冲刺的待办事项。

发布3的"已完成"列是灰色的，意味着我们为冲刺9到冲刺12准备了一个高级计划待办事项列表。

步骤4

在这一步，我们填写"风险、定性问题和其他评价指标"部分内容。对于风险A：主要风险——采购软件的容量，在第5周和第6周令人担忧（方框被涂成黄色），但其余时间方框是绿色的，表示风险较低，情况良好。风险B：次要风险——团队失去关键开发人员，在本周方框变为红色。我们未能留住关键开发人员。风险C：与剩余的遗留系统的强大接口，一开始进展顺利，前8周方框均是绿色的，但自第8周后方框变为黄色，令人担忧。风险D：客户和销售团队满意度，直到本周一直表现良好，本周方框变为黄色，表示现在有些问题，令人担忧。

步骤5

有两个5号箭头。上面的5号箭头告诉你团队的平均速度。正如第7章中提到的，团队速度指开发团队在一天内能完成的工作量，通过计算在指定时间内完成的工作单位数量来计算。在过去的一周，团队速度仅为29小时（开发小时数），这是自Cornerstone项目开始以来的最低水平；团队速度在第8周达到顶峰。这意味着团队在第13周完成的工作量少于其他周，这反映在步骤3的冲刺状态和步骤4的红色方框和黄色方框中。

下面的5号箭头指向燃尽图，它显示了冲刺6和冲刺7中剩余的工作量与剩余时间的关系。

冲刺6开始按计划进行，然后连续几周进度超前（灰色区域在计划燃尽线下方），最后又按计划进行。然而，冲刺7的灰色区域在计划燃尽线上方，表示待办事项没有按计划"燃烧"。

步骤6

通过这一步，我们可以查看项目的整体状态。它向我们传递了两条不同但相关的信息。

第一条信息体现在柱状图的颜色上。在前10周，柱状图都是绿色的，项目运行良好，正在取得积极进展。第11周和第12周变为黄色，表示项目遇到了一些问题。到第13周，柱状图变成了红色，表示项目遇到了严重的问题。

第二条信息提供了一个更全面的视角。

看看"幸福锥"，即理想绩效和合格绩效之间的三角区域。在过去三周尽管遇到了挑战，但我们仍然在"幸福锥"内。前四周我们的绩效一直处于理想状态，在第13周，我们已经到了可接受范围的边缘。

敏捷OPPM的巨大价值在于它能够发出早期预警信号，项目在头三个月进展良好，但现在我们遇到了严重的问题。图9.2显示了没有步骤箭头的第13周的报告。

步骤7

"概述和预测"部分解释了事情为何发生。在上周，我们看到冲刺7进度落后了，一些风险变为黄色，还有一个变为红色，整体状态被标记为红色。

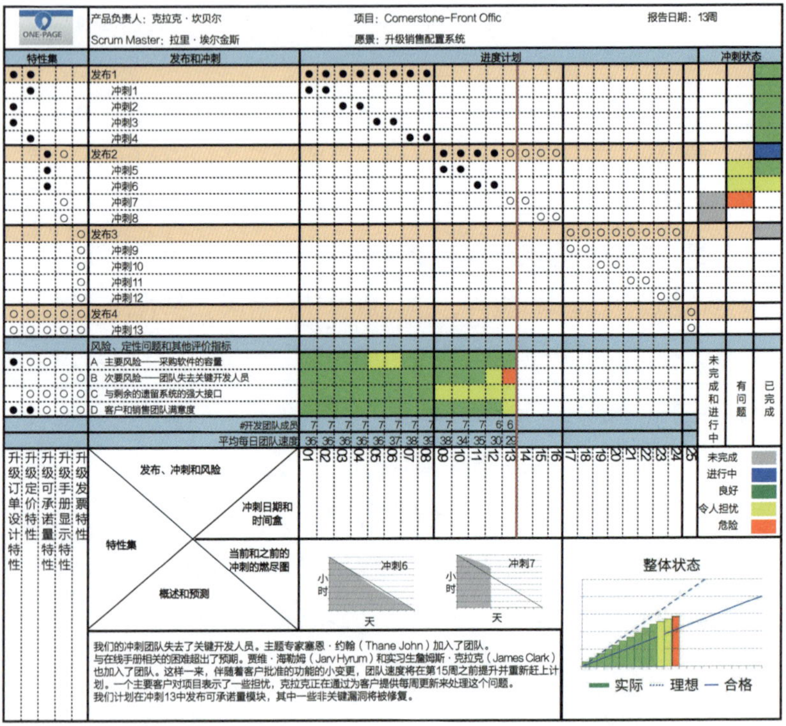

图9.2　Cornerstone-Front Office项目第13周的报告
版权所有：OPPMi 2012，彩色PDF模板可从OPPMi官网获得

　　项目发生了什么？读者可以在这一步中找到原因。在这里，我们了解到，项目失去了关键开发人员，这解释了为什么团队平均速度降到了最低点。我们对此做了什么？在这里也能找到答案，主题专家塞恩·约翰（Thane John）加入了团队，贾维·海勒姆（Jarv Hyrum）和实习生詹姆斯·克拉克（James Clark）也加入了团队。如前所述，"这样一来，伴随着客户批准的功能的小变更，团队速度将在第15周之前提升并重新赶上

计划"。我们了解到，项目团队已经采取了应对措施，预计在两周内重回正轨。

我们还了解到，与在线手册相关的困难超出了预期。此外，一个主要客户对项目表示了一些担忧，克拉克正在通过为客户提供每周更新来处理这个问题。最后，我们了解到我们计划在冲刺13中发布可承诺量模块，其中一些非关键漏洞将被修复。

图9.3展示了项目完成前一周即第24周的报告。

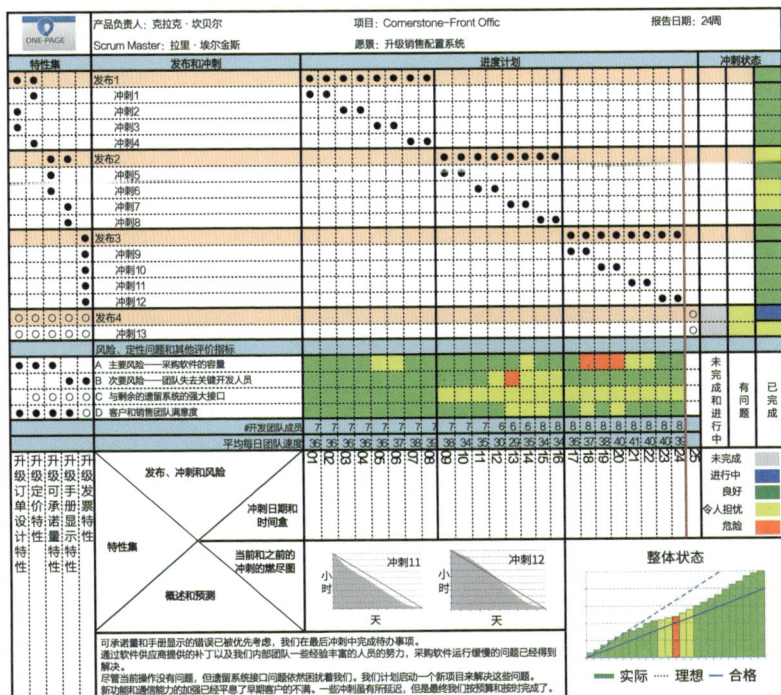

图9.3　Cornerstone-Front Office项目第24周的报告
版权所有：OPPMi 2012，彩色PDF模板可从OPPMi官网获得

右下角的燃起图显示项目绩效从中期挑战中得到了良好恢复。发布1和发布3没有问题，发布2的功能可以发布但仍存在问题。

红色框揭示了从第18周到第20周出现了严重的软件容量问题，但现在已解决。一连串的黄色框提示了令人担忧的接口性能下降的问题。最后的漏洞修复的冲刺正在进行中，是黄色的。

第24周OPPM提出的问题在"概述和预测"中得到了回答：

可承诺量和手册显示的错误已被优先考虑，我们在最后冲刺中完成待办事项。

通过软件供应商提供的补丁以及我们内部团队一些经验丰富的人员的努力，采购软件运行缓慢的问题已经得到解决。

尽管当前操作没有问题，但遗留系统接口问题依然困扰着我们。我们计划启动一个新项目来解决这些问题。

新功能和通信能力的加强已经平息了早期客户的不满。一些冲刺虽有所延迟，但是最终我们按预算和按时完成了。

最后，许多敏捷实践者建议，当项目接近结束时，客户满意度将是敏捷OPPM传达的最重要的信息，这体现在风险D上，连续四周都是绿色的，显示了客户对项目的满意程度。

第10章

对项目的思考

本章内容完全基于我们的观察。我们并没有声称自己是组织行为学方面的专家。我们都读过关于右脑与左脑倾向、多元智能、智商和情商的相关内容。在我们的培训研讨会上，我们询问了超过1000名项目经理，他们是如何进行项目规划的：他们是从前往后推进还是从后往前推进，抑或不按照顺序随机确定相互关联的元素？

我们之前提到过哈佛项目管理经典系列图书。该系列图书作者提出了一个3×2沟通框架。我们称之为"哈佛3×2"，并将其与OPPM和安迪·克罗（Andy Crowe）的"阿尔法四原则"一起收入我们的沟通工具箱中。

"哈佛3×2"认为有效的项目沟通应该：

- 高效且充分。
- 坦率且及时。
- 解释原因，预测未来。

OPPM支持这三点。坦率且及时、解释原因和预测未来是相对明确的概念，项目经理很少在沟通中对这些概念产生分歧。

在效率和充分之间找到平衡则更具挑战性。每个项目都不同，每个干系人都在变化，正确地处理这些问题至关重要。

应用第1章中介绍的理论、原则和实践将帮助我们应对"细节综合征"。我们在这里增加了可视化的案例。案例与运动相关，但它不仅仅是一个比喻，它是平衡效率和充分的现实生活中的例子。而且，作为可视化展示，我们更容易记住其中的关系，并思考它们如何应用于我们正在进行的项目沟通中。

我邀请了我的大学同学，迈克邀请了他的研讨会学员，一起来创建可视化的项目管理原则。这个例子来自一群经验丰富的项目管理专业人士，其中一位还是美国国家职业橄榄球联盟的裁判。

图10.1和图10.2是他们的创作。从那时起，我们一直将这个创作归功于他们。

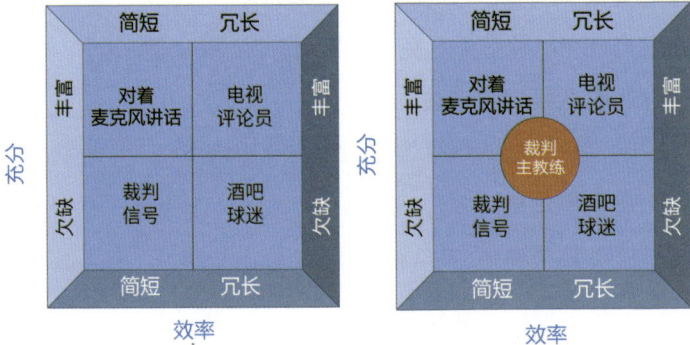

图10.1　效率和充分的沟通　　　　图10.2　效率和充分的沟通最佳平衡点

想象一下，你正在观看你最喜欢的球队全年中最重要的比赛。比分持平，时间所剩无几。外接手沿着边线飞奔，去接记长传，球传向了达阵区深处。他和防守队员在跳跃中互相推搡，胳膊和手尽可能伸展。他的指尖刚好在草坪上方接住了球。底线裁判犹豫了一下，然后示意传球未完成。

现在看一下图10.1。底部的横轴代表信息传播效率，从简短信息到冗长对话。纵轴代表信息内容的充分性，从欠缺到丰富。你听到电视评论员用冗长对话填满空白时间，他们对这项运动有丰富的理解，这处于图10.1的右上角。同时，在图10.1右下角的当地酒吧，球迷们带着醉意，大声且长久地进行争论，但是对比赛缺乏充分的理解。裁判戴上耳机，观看回放并做出决定，然后走进场地，拿出麦克风，凭借对事实和规则的充分理解，用简短声明来宣布结果。

在进行项目沟通时，"我们符合进度"属于"简短/欠缺"的信息；"我们的CPI和SPI都大于1.0"属于"简短/丰富"的信息；项目状态报告属于"冗长/丰富"的信息；一个临时观察者的不完整或失衡的评论属于"冗长/欠缺"的信息。

图10.2的中心是效率和充分的平衡点，也叫"最佳平衡点"，代表裁判走到边线，向接球手的主教练解释判罚的情况。在这场"关键对话"中，每个参与者都对规则和所观察到的犯规行为有着深刻而丰富的认识。对双方来说，判罚结果至关重要，但花在沟通上的时间有限。

读者与用户反馈

OPPM以一种非常简洁的方式，使用非常容易理解的一页纸报告大量信息。我期待在达拉斯沃尔斯堡机场实施这一方法。

R. 比（R. Bee）

达拉斯沃尔斯堡国际机场

OPPM已经为许多组织找到了沟通的最佳平衡点。努力在效率和充分之间取得平衡是值得的，因为有效的沟通实际上是每个项目经理最有价值的贡献。

在开始任何项目之前，项目负责人在工作中面临的最艰难的决定是：选择什么人加入项目团队。这就好比烹饪：如果食材太差，不管食谱多么完美，你多么小心翼翼地操作，最终结果都会令人失望。但若获得上等食材，你就更有可能做出美味的菜肴。

对项目团队来说也一样。我的经验是，项目团队成员在思维方式上存在一些根本的差异。当然，我并不是在贬低他人，我们每个人都有优点和缺点。阿尔伯特·爱因斯坦是一位伟大的物理学家，但这并不意味着他是一位出色的运动员。比尔·盖茨是一位创新天才，但这并不意味着他是一位伟大的小提琴家。迈克尔·乔丹打篮球如入无人之境，但他的棒球水平就另当别论了。

我已识别出了三种类型的人，当他们共同合作时，可以为管理任何类型的项目（无论是传统的还是敏捷的）创造理想的组合。有些人可能同时符合其中两种类型（很少有人符合三种）。图10.3显示了三种类型的人如何组合在一起。这三种类型的人是确保项目团队成功的必要因素。当你的项目团队中有这三种类型的人时，你就拥有了必要的优势，并有能力克服任何显著的弱点。下面让我们来看看这三种类型的人。

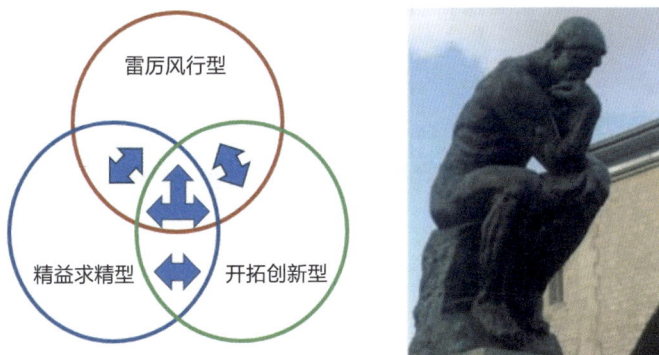

图10.3　三种类型的思考者
版权所有：OPPMi 2012

开拓创新型思考者

　　开拓创新型思考者一般是团队中最聪明且最具创造力的成员。他们会跳出思维框架，以新颖的方式思考问题，既能够深入钻研一个主题，也能跨越多个主题进行思考。他们不受现有规则和结构的束缚，擅长颠覆事物，以新的、独特的组合方式思考问题。信息技术行业集中了一批开拓创新型思考者，而敏捷本身也是一种开拓创新方法。

　　项目经理要意识到，在你的团队中一定要有开拓创新型思考者。他们有时可能会带来一些麻烦，但他们能让项目成果更加出色，提升项目的整体效果。

　　他们往往能找到解决棘手问题的方法。他们敢于挑战传统思维，不容易被群体思维所束缚。你经常会听到他们说"为什么不……"或"怎么样才能……"我无法想象一个没有开拓创新型思考者的项目团队是怎么样的。

尽管开拓创新型思考者对一个强大的项目团队至关重要，但和其他类型的思考者一样，他们也会带来独特的挑战。开拓创新型思考者最大的问题是，他们不太关注产品的商业化或工作的实际完成情况。一旦完成了对一个问题的思考，他们就会转向下一个问题。他们会产生很多创意，但必须由其他人来落实。因此，在你的项目实际开始之前的规划过程中，要确认哪些创意可以采用，哪些暂时不采用，因为你不可能全部采用。一旦项目开始，开拓创新型思考者的问题就变成了他们会导致范围蔓延。这意味着他们总是有很多新想法，如"我们加入这个吧"或"我们调整一下那个"，他们可能提出太多的想法，把项目扩展到太多方向，导致项目永远无法完成。如果你的项目开发方法是敏捷的，开拓创新型思考者的缺点就会变成优点。

对开拓创新型思考者的激励，可以通过认可和欣赏他们的努力来实现，这比赞扬他们的智力天赋要有效得多。这在经历了一系列失败之后尤其适用。那些因努力而受到认可的人比因智力天赋受到赞扬的人更有韧性，也更愿意持续参与项目。

雷厉风行型思考者

托德·斯金纳（Todd Skinner）是一位才华横溢且坚韧不拔的登山者和职业演讲者，他向听众讲述了"开始行动"的重要性。他通过自由攀登世界上许多最具挑战性的悬崖峭壁明白了一个道理，只有开始攀登，计划才会在将来的某一时刻变为现实。而且，更重要的是，通过"开始行动"，你将懂得通过其他任何方式都无法懂得的道理，你将变得无所不能。

项目中的雷厉风行型思考者就是喜欢"开始行动"的人。他们总是迫不及待地想要开始。他们会思考首先做什么，然后开始行动。他们相信开始时自己可能不够强大，但随着项目的推进，他们会变得越来越强大，所以越早开始越好。这也是敏捷的一个基本理念。

这种思维方式基于一种信念，即你无法预知一切，也无法为每种可能性做好计划。如果你非要等到所有问题都有答案，那你永远不会开始。雷厉风行型思考者急于"开始行动"。在项目中，他们从一开始就创建OPPM。他们会这样推理："我们需要从这个开始，再转到那个……然后是那个……直到完成。"你可能已经发现了，随着计划越来越细、时间越来越长，他们可能会有点儿走神。

通常，他们不太擅长委派任务。他们能够把事情做好，也很自信。他们是高效的个人贡献者。他们一般不会将工作交给他人。他们在将工作委派给他人时甚至可能会感到一定程度的内疚。

雷厉风行型思考者对团队至关重要，因为他们会对任务保持持续的关注。你需要他们，因为他们会事无巨细地完成的所有事情。他们努力满足截止日期。开拓创新型思考者关注项目的范围，经常导致范围蔓延，而雷厉风行型思考者会关注如何按时完成任务。

精益求精型思考者

你会在任何重点大学的图书馆中找到精益求精型思考者。他们把铅笔排成一行，使用日历安排学习计划，他们的书也摆放得井井有条。

在项目团队中，他们会在脑海中想象每个项目完成时的状态。他们知道项目完成后会是什么样子的。有了OPPM，他们会从项目的最终目标开始，创建任务和时间线，倒推到项目开始。

他们从右到左创建OPPM，而不是从左到右。一旦确定了所有任务，他们就会考虑如何将空心圆圈涂黑。精益求精型思考者与开拓创新型思考者形成鲜明对比，后者根本不考虑这些圆圈。雷厉风行型思考者从左到右涂黑圆圈：先做这个，再做那个，然后做第三个，以此类推。精益求精型思考者从右到左逆向填充计划：如果这是最终产品，那么为了完成它我们必须先完成这个，而在那之前我们还得完成那个。他们倒推回去，因此，通常最终完成的时间会比雷厉风行型思考者更久。

精益求精型思考者的弱点是他们可能会过度规划，也就是常说的"分析瘫痪"。他们不能很快地"开始行动"；他们经常等待，议而不决。雷厉风行型思考者会说"给我两只鸭子"（资源），然后就出发了。而精益求精型思考者希望先把所有鸭子排成一行（万事俱备）。

我的妻子梅雷迪斯（Meredith）就是一个雷厉风行型思考者，而我是一个精益求精型思考者。因此，我们彼此能够很好地互补。例如，我们有一个家庭改造项目，我做了规划，考虑哪些是承重墙，需要先做什么。我不断地规划。像我这样的思考者的弱点最终显现出来，事情一直没有进展。我陷入了"分析瘫痪"。有一天，我回到家，发现梅雷迪斯用大锤砸了一面墙。她受够了我的规划，觉得是时候开始行动了。

一个全部由精益求精型思考者组成的团队会过度规划项目，可以肯定的是，他们不会超出预算。但进度方面——嗯，那是另一个故事了。

许多IT人士基于这种思维方式取得了成功。他们学会了"以终为始"。然而，对于IT项目来说，定义"结束"是一件很难且成本很高的事情，因为用户也无法完整地提出自己的需求。因此，经验丰富的首席信息官经常将更大的项目分割成可定义的小块。他们使用敏捷方法，将范围和进度限制在更易于管理的块中（称为发布）。精益求精型思考者于是就有了时间盒的限制。这里提供了一些早期可交付物，同时也可以暂时忽略未来可能蔓延的范围。

解决这些问题另一种方法是哈佛大学教授大卫·阿普顿（David Upton）探索的基于路径的方法[详情请见大卫·阿普顿和布莱德利·R. 斯塔兹（Bradley R. Staats）合著的文章《彻底简化IT》（*Radically Simple IT*）]。

我发现精益求精型思考者有一个优点，那就是他们天生喜欢授权，并且很乐意与比自己更有能力的人合作。他们会思考项目需要什么流程或系统，以及完成所需工作的最佳人选是谁，并且他们可以毫不犹豫地去找到这些人。

这些思考者的优点

- 开拓创新型思考者将带来创新和创造力。
- 雷厉风行型思考者会让你快速行动起来，有强大的信心，并且对项目进度充满热情。
- 精益求精型思考者确保项目规划得当并且不超预算。

这些思考者的缺点

- 开拓创新型思考者可能导致传统项目的范围蔓延，影响项目成本和进度。然而，范围蔓延并不总是坏事。
- 雷厉风行型思考者可能在事情未完全考虑清楚前就开始工作，让你陷入困境，项目可能需要额外的资金和资源，因为可能需要退回去修改这些未计划的事情。

- 精益求精型思考者开始时是缓慢的，这可能会延误进度，特别是在早期规划阶段。对于长期项目来说，这是一个更大的风险。

人是多维度的

人不是单一维度的，而是拥有多个维度的特质。每个人在执行项目的过程中或多或少都会表现出上述的三种特质，但一般来说，其中一种特质会占据主导地位。

一些杰出的项目领导者位于图10.3中间的三角区域中。他们精力充沛、思维敏捷、聪明，拥有各种各样的想法，并且能够在进行恰到好处的规划后立即投入项目。他们是不同寻常的人才。

结合了开拓创新和雷厉风行两种特质的人会启动很多项目，但也会经历一些失败的尝试。他们的床头柜上堆满了只读了一部分的书籍。他们擅长启动新项目，但常常在项目完成前失去兴趣。他们很容易感到无聊，渴望开始更刺激的新事物。

结合了开拓创新和精益求精两种特质的思考者可能会拖延项目进度。他们过度规划，极力规避风险。他们会想象自己希望如何完成一个项目，然后设想一个新的、更宏大的结果。

结合了雷厉风行和精益求精两种特质的思考者很少。给他们一套计划，他们就会立刻去做并取得成果。在度假时，他们也会计划好一切。他们知道每天要做什么。然而，他们可能会错过一些独特的机会或只有开拓创新型思考者才会考虑的创新活动。

项目领导者需要做什么

项目领导者需要在项目团队中聚集所有类型的思考者。这样，领导者就可以发挥他们所有人的优势。领导者还必须了解每个人的特质类型的组合（同时拥有三种特质的人非常少见，你会很容易知道他们是谁）。简单来说，你需要开拓创新型思考者来确定项目范围，需要雷厉风行型思考者来管理项目进度，需要精益求精型思考者来控制预算。

如果你根据三种思考者类型对组织中的人进行分类，你可以很快识别出谁属于哪一类。雷厉风行型思考者每天想着怎么开始做事，精益求精型思考者只关心如何仔细规划，开拓创新型思考者则专注于各种可能性。

纯粹的精益求精型思考者是好的合作者。纯粹的雷厉风行型思考者能迅速投入工作。纯粹的开拓创新型思考者不能很好地融入团队，因为没有人能像他们一样快速思考。他们不擅长团队协作，相反，他们总是按照自己的方式工作。尽管如此，你的团队还是需要这三种类型的人。只有这样，传统项目和敏捷项目才会因参与的不同思考者而获得丰厚的回报。

你如何识别公司中每个人的特质？你可以下午5:00在你的办

公室转一圈。你会发现，开拓创新型思考者是孤独的。他们可能坐在椅子上阅读技术杂志或只是单纯地思考。或者他们可能在电脑边使用键盘进行写作。这是他们的私人时间。他们在思考。雷厉风行型思考者正忙于工作。到处都是文件；他们全身心投入其中。精益求精型思考者的办公室里挤满了人。他们在白板上写字，讨论事情，解决问题。他们与其他人一起合作，规划工作，思考问题。

没有人擅长一切。你需要一个拥有开拓创新型思考者、雷厉风行型思考者、精益求精型思考者以及多维思考者的团队。拥有所有这些特质的团队具有强大的力量，并且可以应对所有类型的弱点。这是一个能够最大限度地利用OPPM并且最成功地完成你的项目的团队。

第11章

项目管理办公室

拉里·博西迪（Larry Bossidy）和拉姆·查兰（Ram Charan）在他们的著作《执行：如何完成任务的学问》（*Execution：The Discipline of Getting Things Done*）中定义了执行的两个要素：

- 将战略与现实相结合的原则，让员工与目标对齐，并实现承诺的结果。
- 将业务的三大核心流程（人员流程、战略流程和经营计划）联系起来的方法，确保按时完成任务。

我们在教学、咨询和个人管理经验中发现，一个强大且有效的项目管理办公室（Project Management Office, PMO）使用OPPM为战略与执行相结合提供了必要的支持，是人员凝聚的催化剂，使人们与计划对齐，将战略与具体的行动相结合，并且以"极其简单"的方式完成。

每个项目都是从某个地点开始的。一个小项目可能在某人的办公桌上运行，项目可能只是他的几项职责之一。一个项目可能需要一个专门用于公司项目沟通的中心办公室协调。一个非常大的项目可能有自己的办公室。

PMO是负责全公司范围内至少8项高级项目管理职责的个人或团队，所有这些职责都专注于确保项目的立项和管理以取得成功。本章主要介绍PMO如何有效地使用OPPM来承担这8项职责。

项目仪表盘

PMO的第一项职责是维护组织的项目仪表盘。PMO在更高的层级上跟踪项目的进展，并向高层管理者报告。这是PMO的一项重要职责。PMO以某种方式向公司的高层管理者报告，使他们能够了解项目状态以及需要关注的地方。PMO要让高层管理者充分了解以下这些基本内容。

- 项目负责人：谁对项目的不同部分负责。
- 成本：项目已经花费了多少，预计还要花费多少，目前是否在预算内，或者超出预算，以及超出多少。
- 任务：项目的可交付物和活动与计划相比的进展。
- 时间线：各个项目任务完成或预计完成的时间。
- 目标：项目是什么（项目的内容），以及为什么要做这个项目（项目的目的）。

PMO在项目执行过程或完成期间向高级管理层传达项目的信息。OPPM可以作为PMO的一种工具，它有效地将PMO的基本信息传达给高级管理层。我们认为，OPPM对于有效的PMO而言是必不可少的。它之所以重要，是因为它将所有重要信息整合在一个地方。它是公司项目团队与高级管理层之间关键的沟通纽带。信息通过OPPM流入和流出PMO。而且，通过使用OPPM，人们可以将信息以易于创建、阅读和理解的形式呈现与管理。没有OPPM，PMO将被过多的信息淹没。此外，OPPM将报告简洁地整合到一起，因此它就是仪表盘。

OPPM能帮助PMO收集、分析和报告大量的项目信息。它提高了PMO的执行效率和沟通效果。当每个项目经理都用OPPM报告时，PMO可以通过一页纸去收集信息。这是一个筛选和总结的过程，是卓越PMO的基本标准。

公司项目方法论

PMO的第二项重要职责是维护组织的项目方法论。PMO还必须提供支持该方法论的工具。此外，PMO负责项目管理系统。OPPM的价值本质上是一个沟通系统。PMO使用OPPM作为报告和沟通项目情况的方法。PMO确保每个项目经理都知道如何使用OPPM。不夸张地说，OPPM有助于提升组织项目管理的专业水平。它类似一个协议，可以加强项目管理的纪律性。

项目培训

PMO的第三项职责是培训和指导项目经理，帮助他们提升技能。例如，我们在坦纳公司的目标是：至少有95%的人都接受过OPPM的培训并能在任何时候使用它。我们让项目经理和团队成员阅读《一页纸项目管理》，让有经验的项目经理提供关于OPPM的一般和特别培训，让PMO鼓励大家使用OPPM这个工具，从而实现目标。当然，最有帮助的还是让他们亲自使用这个工具并在使用过程中不断讨论和修正，这让用户对

OPPM变得更加熟悉并自在地使用它。

我们在培训OPPM之余还提供了其他阅读材料、讲座和研讨会，以推动员工理解不断拓展的项目管理知识体系各方面的知识。

一致性应用

PMO需要确保方法论的一致性应用。这需要投入精力，因为人们倾向于改进组织建立的标准。用户经常认为他们有改进OPPM的方法，或者他们的项目很特殊，需要特殊版本的OPPM。PMO需要管理这种倾向。这并不是说OPPM不能改进或不应该针对特定情况进行调整，但这种变更需要由高层级的管理部门来完成，以防止工具的不一致。如果不加以控制，这种倾向将导致组织出现许多不同版本的OPPM，从而失去标准化和一致性。

PMO必须在一致性和持续改进之间取得平衡。一致性具有真正的价值。它有助于在用户心中强化OPPM的价值。它使项目经理和团队成员专注于重要的事情。它使组织中的每个人都更容易学习如何创建、使用和解释工具。一致性和持续改进之间的正确平衡能带来高效和卓越的成果。

它还有助于管理层理解工具传达的内容。假如一个组织中的每个项目的OPPM都不同。高级管理层将不得不去理解每个版本的OPPM试图传达的内容，这抵消了在组织中使用简单且一致的工具的优势。不同类型项目的OPPM应该只有相对较小的变化。总之，OPPM是PMO最重要的沟通工具。

请记住，对于大型项目，OPPM并不会取代项目经理想要使用的任何工具，如微软的 Project或甲骨文的Primavera。OPPM是你已经使用的工具的补充。一个大型项目可能有一个最高层级的OPPM，然后在其他层级还有针对项目不同方面的OPPM。对于软件项目，我们可能会使用一个OPPM来雇用顾问，一个OPPM来选择软件，一个OPPM来推广和测试软件等。在最高层级有一个OPPM报告所有子项目。高层级的OPPM是给高级管理层看的。

项目负责人需要在标准化和定制化之间取得平衡。必须警惕用户过度定制OPPM的这一倾向：从一个项目到另一个项目或从一个部门到另一个部门的OPPM截然不同。某些内容必须保持不变，如所使用的颜色（及其含义）、表示项目工作尚未完成的空心圆圈，以及表示项目工作已完成的被涂黑的圆圈。

然而，工具的某些内容可以改变。例如，一些项目的汇报时间段可能是每周，而其他项目是每个月。一些OPPM可能包含图表，而其他不会。PMO负责人的工作是运用必要的判断力，在保持标准化的同时允许发挥创造力和创新精神，承担个人责任。

重要的是，PMO要创建一个综合的OPPM，这是对PMO跟踪的所有项目的总结。每个项目的项目经理将他们的OPPM提交给PMO，然后由PMO汇总到一个综合的OPPM中，这本质上是一个列出所有当前和最近完成的项目的综合OPPM。通过这种方式，高级管理层可以快速了解组织中所有项目的状态。如果想要了解某个具体项目的更多信息，他们可以直接查看那个项目的OPPM，这样通常可以避免高级管理层与项目团队的低效率沟通与询问。

项目公共关系

OPPM可以向高级管理层传达信息，也可以向组织内部或外部可能对特定项目有间接兴趣的人传达信息。PMO可以使用这个工具向可能需要了解项目但没有密切参与项目的受众沟通项目的信息。OPPM的简单性促使其成为这种沟通的绝佳工具。OPPM对外沟通的受众包括供应商、公司内其他部门的经理、公司的人力资源部门（希望了解谁在做什么项目）、内部审计部门和销售部门（想要快速了解新产品的进展情况，以便知道新产品何时上市）。

顺便说一下，OPPM还有一个额外的好处，它可以缩短管理会议的时间。因为每个人都在阅读同一份OPPM，当PMO举行会议时，参与者可以迅速了解项目的基本方面。这是一个真正的节省时间的方法。许多管理会议占用的时间太长。有了OPPM，你可以随时参考这个工具，因为每个人都知道并理解它。开会时，人们常常专注于与个人职责相关的问题。而讨论非职责问题时人们无法保持注意力。OPPM有助于使讨论清晰、简洁、切中要害，这是保持每个人积极参与的关键。

项目优先级

OPPM帮助PMO确定项目组合中的项目优先级。当PMO创建一个包含所有项目的OPPM时，能够在OPPM上呈现的项目的优先级都比较高。这些项目会获得资金支持，也会更早获得资源。

OPPM还明确了项目对组织的各种需求。当一个项目出现在公司OPPM上时，读者看到这个项目涉及300人（或者无论多少人），这在提醒读者关于这个项目的负担以及这个项目对各个部门和整个组织的压力。这个工具使管理层能够看到投入各个项目的资金和人员，以及为了平衡项目与日常业务的资源而开展的业务活动。组织通常很难正确地保持项目和运营业务的平衡。项目是为了使明天的客户订单更多，但这可能以牺牲今天的订单为代价。OPPM之所以能如此清晰地描绘项目，是因为它能帮助管理层在现在和未来之间保持平衡。

项目审查和纠正措施

综合的OPPM促进了PMO和高级管理层对项目纠正措施的关注。PMO在报告这些项目之前会先进行项目审查。OPPM使

PMO和项目团队思考项目的重要方面。当然，无论是否使用OPPM，团队都会考虑进度和预算，但他们通常不会考虑项目各个部分的负责人是谁，或者项目各个部分与重要目标或战略目标的相关性。OPPM让人们更容易察觉这些相关性。

通过使用OPPM，你和你的团队将不得不思考项目的所有基本要素，以及项目各个部分和相关人员之间的关系。而且，因为OPPM节省了时间，你将有时间进行这种全面的规划。PMO的工作因为有OPPM而变得更加完整和高效。还有一点：因为OPPM将绩效与个人（负责人）联系起来，当事情进展顺利时，高级管理层可以在OPPM上看到这一点并采取行动，如给予表扬或其他形式的积极认可。这个工具有助于激发认可文化，而不只是关注纠正措施。

项目存档和持续改进

将每个项目的OPPM存档，这很容易做到，因为即使一个大型项目可能一个月只生成一份OPPM（对于一个为期一年的项目来说，只有12页A4纸），PMO能够轻松创建和维护已完成项目的档案库。

这些OPPM会成为项目的知识库。正如乔治·桑塔亚那（George Santayana）所说："那些不能从历史中学习的人注定要重蹈覆辙。"这样的文档是未来项目领导者和团队可以学习的重要资产。它们展示了项目的执行过程：项目是如何开展的，挑战在哪里出现，以及人们是如何克服挑战的。使用OPPM来记录项目历史是容易和高效的。当一个项目完成后，PMO只需要将所有的OPPM装订起来，放在文件柜里，同时把电子版本保存好，以便以后查找。

案例

PMO每月向管理层和其他干系人提供一份报告，其中包含每个战略项目当前的OPPM。封面是一个显示所有项目绩效的综合的OPPM。这个综合的OPPM必须传达每个项目的以下信息：

- 与公司战略的一致性。
- 与年度运营计划的相关性。
- 资本预算跟踪。
- 费用预算跟踪。
- 相关人员。
- 当前绩效或状态。
- 按时与延迟情况。
- 委派的项目经理。
- 执行团队的职责。
- 归纳和总结。

这是沟通网络的核心。

图11.1是一个通用模板。它只用一页纸就兼顾了传统项目和敏捷项目。

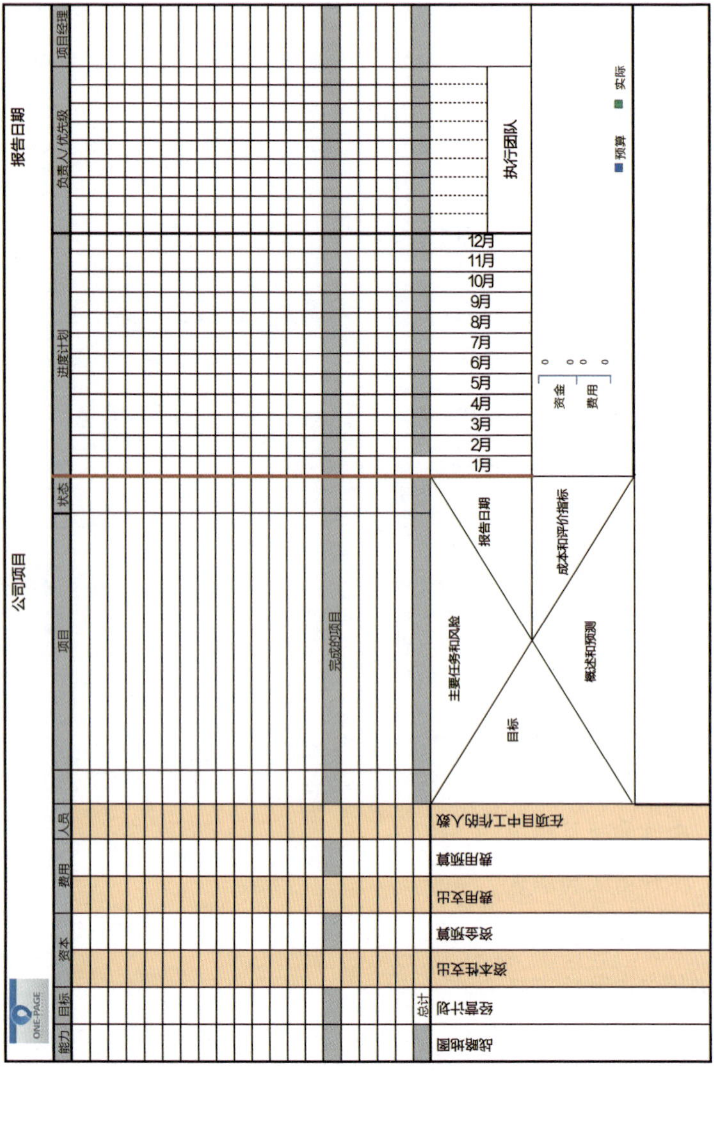

图11.1　PMO的OPPM模板

版权所有：OPPMi 2012，彩色PDF模板可从OPPMi官网获得

图11.2是一个虚构的奥林匹斯山公司的例子。让我们直接来看这份截至当年11月的报告。

查看从左边数第四列标题"费用"。

在"费用"列的底部分为"费用支出"和"费用预算"两项。第一项显示实际花费的金额，第二项显示预算的金额，或者说预期要花费的金额。例如，在图11.2中，第五行是Zeta项目。它的预算是35万美元，但只花费了22万美元，比预算低了13万美元。然而，请注意，项目进度是落后的。

进度计划下方那条加粗的垂直线代表这个OPPM报告的月份是11月。

然而，Zeta项目在这条垂直线的左边有4个空心圆圈，这表明项目比计划落后了4个月。从图中可以看出，有3个项目落后于计划（Zata项目、Iota项目和Kappa项目），有8个项目提前于计划，因为它们12月的空心圆圈已经被涂黑。

例如，Epsilon项目从5月开始，Eta项目在9月结束。通过进度计划下的空心圆圈，你可以知道项目何时开始和结束，以及哪些项目按时、落后或提前。

左侧的第一列被标记为"能力"。在该列底部列出了公司的三个战略目标：创新（IN）、卓越运营（OE）、客户关怀（CC）。奥林匹斯山公司努力成为市场创新者，在运营方面表现出色，并在客户关怀方面表现卓越。如果项目没有涉及战略目标，那这个框将显示空白。你可以看到每个项目如何与这一列中的战略目标相关联。Zeta项目在"能力"列显示为OE，这让读者知道这个项目与公司成为卓越运营组织的战略目标联系在一起。

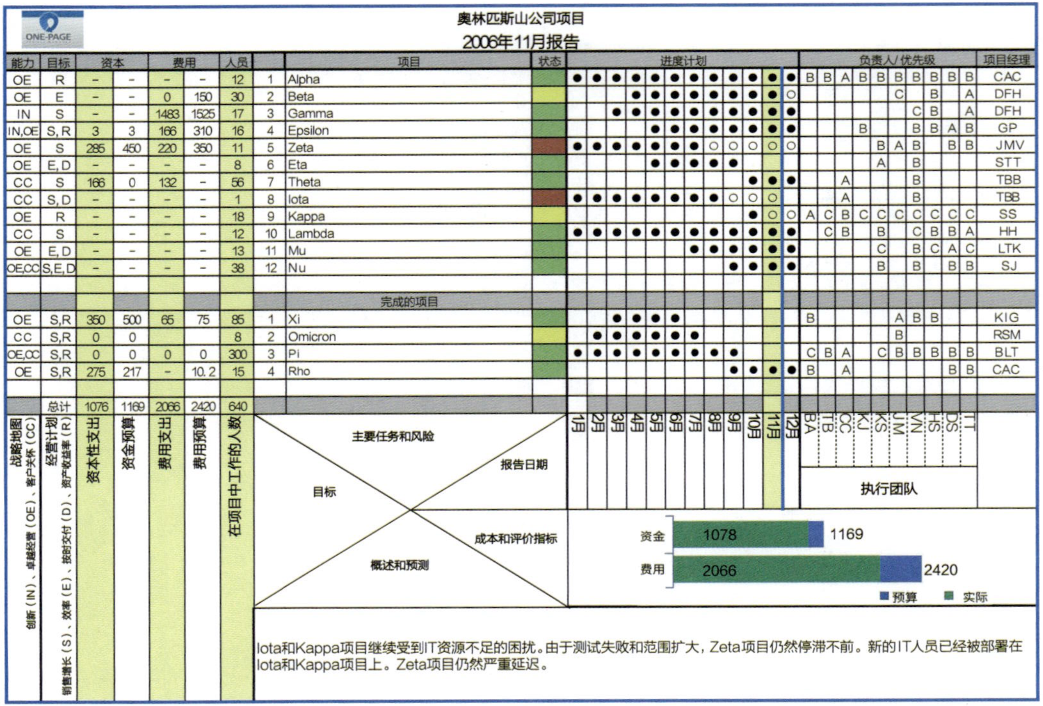

图11.2　奥林匹斯山公司PMO的OPPM文件

版权所有：OPPMi 2012，彩色PDF模板可从OPPMi官网获得

第二列被标记为"目标",包括销售增长(S)、效率(E)、按时交付(D)、资产收益率(R),它们是短期目标而非战略目标。这些目标除了按时交付都是不言自明的,按时交付是反映客户满意度的一个指标。Zeta项目的运营目标是S,即销售增长,所以这个项目与销售增长的运营目标相关联。

第三列被标记为"资本",指的是项目的资本性支出。资本性支出通常与购买使用寿命超过一年的有形物品(如设备)有关。资本体现在资产负债表上,而费用体现在损益表上。对于Zeta项目,资本预算是45万美元,其中已投资28.5万美元。

第五列被标记为"人员",列出了每个项目涉及的员工数量。这让管理层知道在任何给定时间,有多少人员致力于任何给定的项目。Zeta项目包括11人(包括全职和兼职员工)。我们只是在计算参与项目的人数。

经验表明,在人员数量上尝试进行更细致的划分是无效的。实际工作时间很重要,但在当前项目阶段并不是关键。

最右侧的"项目经理"列出项目经理的名字。Zeta项目的项目经理是JMV。"负责人/优先级"列是负责项目的高层管理者。项目负责人按照重要性排列(A类负责人对项目负主要责任,而B类和C类负责人是助理,职责逐渐减少)。

页面中间的"状态"列表示每个项目的绩效。如果是绿色,表示项目进展顺利——项目的进度、成本、范围、质量和风险基本上都处于正常水平。没有需要关注的问题。如果是黄色,表示有一些令人担忧的问题,但仍然有机会挽救。高级管

理层目前不需要担心被标记为黄色的项目。此时项目可能有点
落后于进度计划，稍微超出预算，面临范围蔓延，或者有其他
一些问题，但最终，项目应该能够以一种可接受的方式完成，
而不需要高级管理层的太多干预。如果是红色，表示项目处
于危险中。Zeta项目和Iota项目的状态都显示为红色。如前所
述，Zeta项目比计划落后了4个月。这样的项目通常需要跨部门
的协助或有权力重新设定优先级的高层管理者的干预。在综合
OPPM的右下角的矩形显示了资本预算和费用预算。资本预算
总计116.9万美元，其中已花费107.8万美元。费用预算总计242
万美元，其中已花费206.6万美元。这些都是绿色的，表明总体
上预算方面没有需要担心的问题。

在页面中间部分列出了4个已经完成的项目：Xi、
Omicron、Pi和Rho。它们已经完成，因为所有的空心圆圈都被
涂黑，它们在进度计划中没有空心圆圈。尽管Omicron项目已
经完成，但仍然存在令人担忧的问题。

页面底部的矩形是"概述和预测"部分。它提到"Iota和
Kappa项目继续受到IT资源不足的困扰。由于测试失败和范围
扩大，Zeta项目仍然停滞不前。新的IT人员已经被部署在Iota和
Kappa项目上。Zeta项目仍然严重延迟"。你要简洁地回答关于
进度延迟和被标记为红色和黄色的问题。在解释过后，你要给
出对未来预期的高级别预测。

有了这个来自PMO的综合OPPM，高级管理层可以快速了
解所有项目的进展情况、其与战略的关联性，以及它们的负责

人是谁。

　　首席执行官和其他干系人可以通过快速阅读这个工具来获取所有这些信息。以易于理解的形式提供如此多的细节，有助于PMO实现沟通公司项目进展的目标。这是一个"极其简单"的沟通工具，可以帮助PMO承担本章开头提到的8个主要职责。

- 项目仪表盘。
- 公司项目方法论。
- 项目培训。
- 一致性应用。
- 项目公共关系。
- 项目优先级。
- 项目审查和纠正措施。
- 项目归档和持续改进。

正如你现在看到的，OPPM对有效的PMO至关重要。

第12章

OPPM在咨询和营销方面的应用

到目前为止，我仅将OPPM用作一种沟通工具。当然，它确实是一种沟通工具。但实际上，它的用途广泛。对于咨询公司来说，它是一个强大的项目提案展示工具；而对于你（作为咨询公司的客户）来说，它是一个管理工具。

在坦纳公司工作时，我聘请了一家国际咨询公司帮助我们做一个定价项目。我们想要评估我们的定价策略，以便更好地将我们的价格与我们为客户提供的价值相匹配。

我们创建的OPPM有3种用途：

1. 向高层管理者和其他干系人传达项目进展情况，这是该工具的传统用途。

2. 帮助我们管理咨询顾问。

3. 帮助咨询公司用来管理我们。是的，当我们和咨询公司换位思考，使用OPPM帮助他们确保我们朝着正确的方向前进时，我们也找到了解决问题的"处方"。实际上，所有参与方都从使用OPPM中受益。

项目分为两个阶段。本章中的OPPM样本展示了阶段1完成的情况，以及等待实施的阶段2计划。

阶段 1：小型咨询合作

注意，两个OPPM（见图12.1和图12.2）是相当标准的类型，与我们在其他章节中看到的类型有一些变化。让我们首先看看阶段1。

项目经理：克拉克·坎贝尔　　项目名称：定价策略（阶段1）	报告日期：2006年12月8日
项目目标：制定策略以使产品价格与其为客户提供的价值相匹配	

目标	主要任务	进度计划	负责人/优先级
	1 会见和选择咨询顾问		A A
	2 确保获得批准和预算并启动项目		A
	3 提供坦纳公司的会计数据		A B
	4 提供坦纳公司的报酬数据		A B
	5 提供坦纳公司的客户数据		A B
	6 提供坦纳公司的市场数据		A B
	7 提供坦纳公司的定价数据		A B
	8 提供坦纳公司的销售数据		A B
	9 提供坦纳公司的调查数据		A B
	10 推荐潜在的交易重建候选人		A B
	11 挑选和分析内部事务和交易数据		A A
	12 开展对内部干系人的访问		B A
	13 评审已存在的研究成果		A
	14 "如果项目今天完成……" 可用的文档		A
	15 应用PSKGI记分卡		A B A
	16 应用PSKG ComStrat		A
	17 应用PSKG标杆案例		A B A
	18 执行挑选的交易重建内容（8-12）		A A
	19 对建议书进行简化分析		A A
	20 提交建议书（12月6-7日）		A B A
	21 继续阶段2（坦纳公司）		
	22 运行定价模拟练习（持续到2007年）		
	A 坦纳公司绩效		
	B PSKG公司绩效		

在项目中工作的人数	12	12	14	14	15	40	40	15	15	15	15	15	FL	CC	BT&Team	PSKG Team
	9月22日	9月29日	10月6日	10月13日	10月20日	10月27日	11月3日	11月10日	11月17日	11月24日	12月1日	12月8日				

数据收集　数据分析　结论和建议

主要任务和风险　报告日期　成本和评价指标　概述和预测　子目标

成本和评价指标：阶段1　实际　预算；费用　实际　预算　■实际　■预算

最终建议书于12月6日和7日在盐湖城被提交给定价研究小组和经营领导者。
总体上，坦纳公司正面回应了最终建议书。
下一步，PSKG将继续向集团做最终汇报，根据需要融入评论，同时等待批准开始阶段2。

图12.1　数据分析数据收集

版权所有：OPPMi 2012，彩色PDF模板可从OPPMi官网获得

标题包含了项目名称、项目经理和项目目标——制定策略以使产品价格与其为客户提供的价值相匹配。

在矩阵右上角，你会注意到报告日期（按周）。这行显示OPPM按周跟踪项目，并且一共需要12周。矩阵左下角是项目的子目标：数据收集、数据分析、结论和建议。为了实现项目目标，我们需要完成这3个子目标。

　　"主要任务"列列出了22个定量任务（编号1到22）加上2个定性任务（标记为A和B）。

　　底部右侧是负责人。这与我们讨论过的其他OPPM不同。我以前说过，负责人应该是公司员工，而不是像顾问这样的外部人员。与任何好的规则一样，这个规则可以在咨询项目中被打破。第一位负责人是FL。她实际上是咨询公司的员工，而不是坦纳公司的员工。接下来的两个负责人，CC和BT & Team，来自坦纳公司。这里的"Team"是指在项目中工作的员工群体。最后一个负责人，PSKG Taem，来自咨询公司。项目一半的负责人来自我们（我们的领导和我们的团队），另一半来自顾问（他们的领导和他们的团队），因为这是一项需要协作的工作。我们需要顾问承担一些任务的责任，这就是为什么他们会出现在OPPM上。

　　这个OPPM显示了项目完成时的情况。所有任务都按时完成。注意，任务10"推荐潜在的交易重建候选人"（是指从交易中获取所有信息，并重建从最初报价到最终合同所需的流程）在11月3日那一周结束的列中有一个被涂黑的正方形。随着项目的进展，我们意识到这个扩展的任务将需要一周多的时间来完成，因此插入了一个正方形。当任务完成时，正方形被涂黑。

　　看看任务12"开展对内部干系人的访问"。顾问访谈了公司的经理、董事和副总裁，以收集对公司流程优缺点的一些看法。这花了两周的时间，并且圆圈周围有矩形边框，如第5章所讨论的，我们使用这些边框来标记重要里程碑，这些任务必须完成，项目才能向前推进。任务20"提交建议书（12月6—7日）"，出于同样的原因也加了边框。这些边框在项目开始时就做好了标记，以便每个阅读OPPM的人都知道哪些任务是关键的。这个重要里程碑边框可以用于标注重要的关键路径事件，或者任何其他需要特别关注或注意的原因。

在"主要任务"下方有一行被标记为"在项目中工作的人数"。我们想要了解在任何给定时间有多少我们的人员（不包括顾问）正在参与这个项目。这些数字是实际人数统计，不是全职等效人数。

这个OPPM的一个独特之处可以在定性任务中找到。顾问完成任务A，以评估坦纳公司的绩效。B任务由我们完成，以评估顾问的绩效。涉及咨询顾问的项目会形成相互依赖的关系，这个事实需要在整个顾问团队和你的项目团队中进行沟通。当每个人都能通过明亮的绿色、黄色和红色看到顾问对自己的评价（以及自己对顾问的评价）时，这会激励双方提高各自的绩效。这是OPPM作为管理工具的一种方式，我们的绩效和顾问的绩效都被清晰地显示出来，双方因此受到激励。

顾问对团队进行评价是对团队的一种激励，当然，顾问也喜欢这种方式。顾问在两周内给我们打了黄色标记，因为他们需要的信息我们没有及时提供。我们在截至11月24日的那一周内被标记为黄色，因为在我们计划中没有考虑这是假期周，因此在那段时间安排了过多的工作。注意，项目的最后两周被标记为绿色，这表明我们都赶上了进度。坦率地说，那两个黄色标记确实鼓励我们在项目结束时加快工作进度，提升工作绩效。

这个OPPM的另一个不寻常之处在于成本。在与顾问打交道时，通常会产生咨询服务费，这是固定的，然后还有其他费用，如住宿、差旅和复印等费用。条形图和数字被用于仔细跟踪实际支出与预算的比较。这是这个工具的另一用途——帮助我们管理咨询顾问。让每个人都看到费用，有助于控制成本。

能否进入阶段2取决于阶段1是否成功完成。"概述和预测"指出，阶段1已成功完成，我们正在等待批准开始阶段2。

阶段2：大型咨询合作

这个项目的阶段2费用非常昂贵。咨询公司向客户的高管能否"营销"成功取决于两方面的因素：阶段1的表现和阶段1的可交付物，以及他们的提案的单页展示——一个OPPM！

图12.2展示了项目阶段2进行到三个月时的情况。

我不会讨论它的每个细节，因为它与我们刚刚讨论的OPPM相似，但也有一些不同之处。注意项目目标已扩展为"开发特定于细分市场的产品以满足客户需求"。这解释了项目的重点为什么从制定策略转变为执行策略。

项目经理：克拉克·坎贝尔　项目名称：定价策略（阶段2）　报告日期：2007年2月16日
项目目标：开发特定于细分市场的产品以满足客户需求

目标	主要任务	进度计划（项目在2007年6月完成）	负责人/优先级
●	1 从坦纳公司获得批准，开始阶段2		B　B　A
	培训模块（TT负责）		
○	2 培训规划和执行：经营领导		A　B　B　C　B
○	3 培训规划和执行：销售领导		A　B　B　C　B
○	4 培训规划和执行：销售团队		A　B　B　C　B
	调查设计（DS/CC负责）		
●	5 内部支持干预假设开发		A　B　B　C　B
●	6 执造工具类型和访问模块		A　B　B
●	7 起草问题，包括交易屏幕		A　B
	8 完成调查问卷起草		A　B
○	9 问题和交易屏幕获得用户定稿		A　B
○	10 调查问卷定稿		A　B
○	11 调查问卷定稿后的中间评审（如果需要）		A　B
	调查执行（DS/CC负责）		
○	12 执选市场研究供应商		A
○	13 设置客户定额		A
○	14 建立目标客户清单		A
○	15 调查规划		A
○	16 安排试点访问，测试调查问卷		A
○	17 客户招募/调度		A
○	18 市场研究供应商交付最终数据		A　A
	调查分析（DS/CC负责）		
○	19 数据整理		A
○	20 分类分析		A
○	21 分段分析		A
○	22 价格主题开发		A
○	23 客户价位与规定的指导		A
○	24 操作可行性测试/修改的价值		A
○	25 使用价值定价		A
○	26 定价开发分析工具（如销售工具）		A
	27 准备最终报告		A
	28 提交最终建议书		A　B
	29 讨论下一步		A　B
	A 坦纳公司绩效		
	B PSKG公司绩效		
	在项目中工作的人数	10　10　10　10　4　4　10　10　10　10	FL(PSKG)　PK(PSKG)　PSKG Team　CC(OCT)　BT&Team　Other OCT Person

主要任务和风险 / 报告日期
子目标 / 成本和评价指标
概述和预测

阶段2　实际　预算
费用　实际　预算
■ 实际　■ 预算

完成了工作会议，以确定细分项目的关键目标和主要属性。
下一步：在2月22日之前，向坦纳公司团队发送修订后的问卷，获得在2月26日前商定并确认谈话设计，以审查草单。

图12.2　大咨询项目的OPPM

"主要任务"部分与其他OPPM有所不同，29个任务被分为4个部分，分别是培训模块（TT负责）、调查设计（DS/CC负责）、调查执行（DS/CC负责）和调查分析（DS/CC负责）。这是为了向读者清楚地解释项目的4个基本组成部分。使用这种格式，读者可以轻松、快速地跟进项目。灰色区域是我们想要强调这个项目有3个子部分（设计、执行和分析），所有这些都围绕细分市场工作展开。与阶段1的OPPM一样，定性任务A和B由坦纳公司和顾问相互评价。

和阶段1的OPPM一样，这个OPPM的重要里程碑也用加框来表示。一共有3个重要里程碑：任务8"完成调查问卷起草"、任务18"市场研究供应商交付最终数据"、任务28"提交最终建议书"。

项目的子目标（左下角）包括：创建工具、开展研究和分析、物流/培训/计划。这些代表了本阶段的新目标。

和阶段1一样，预算分为专业费用和杂项费用。这个阶段的费用预算比阶段1高得多，因为包括了第三方市场调研公司的费用，这些费用由顾问来保管和支付。

这些是阶段2 OPPM的基本内容。

因为许多读者在他们的职业生涯中可能会依赖顾问，或者本身可能就是顾问，所以我想说几句有用但可能会惹恼顾问的话。管理顾问带来了一定程度的不确定性，同时还伴随着相互依赖。你聘请顾问来做你自己无法做的事情。通过聘请这个人，你最终将增加你完成新任务的信心，并提高你成功交付该任务的能力，但这不会立即发生。OPPM是一个管理和沟通工具，使彼此更容易告诉对方事情进展如何以及接下来的期望是什么。

创建OPPM为咨询合作的开始提供了必要的思想交流。当处理咨询项目时，这个工具不仅主要针对内部受众，现在还包括外部受众。你和顾问对项目的范围、预算和进度达成了更清晰的共识。OPPM有助于双方共同承诺实现这些目标。这是非常有价值的。这个工具让每个人从项目一开始就从同一页纸上阅读。

和每个OPPM一样，你也使用这个工具向高层管理者汇报项目情况。

在向这些经验丰富和聪明的顾问介绍OPPM后，我最终成了顾问的顾问。他们非常喜欢OPPM，他们购买了《一页纸项目管理》，聘请我们培训他们如何使用它，然后开始自己使用它在全球范围内管理他们自己的项目。顾问发现OPPM是一个重要的工具，他们现在用它来提高自己项目的绩效和与客户的沟通效果。

OPPM对咨询公司的价值可以总结如下：

- 营销展示，简单地在一页纸上讲述整个故事。
- 管理工具，集中注意力在范围、进度和成本的承诺上。
- 沟通工具，向所有干系人报告项目状态。

最后，对许多人来说，这是一个转折点，OPPM以一个完全可接受的方式来让客户对他们的承诺负责，并鼓励他们承认对项目成功的责任。

总之，就像在其他类型的项目中一样，有了OPPM，我们在与顾问沟通项目的状态、接受指导和召开会议时更有效。这是OPPM作为管理和沟通工具的另一种体现。

OPPM对于顾问来说是一个极其有价值的工具。

用一页纸说明OPPM

多年前，在我从坦纳公司退休之前，我们的董事会邀请我做一个简短的演讲。当时，我的第一本书《一页纸项目管理》刚刚出版，销量比出版社预测的要好，所以我给每位董事会成员送了一本书，并做了一个简短的介绍。当然，这些听众对OPPM模板很熟悉，因为他们多年来一直收到奖品配送中心和其他大型项目的OPPM状态报告。

演讲结束后，我们进行了一些问答，一切都进行得很顺利，直到最后一个提问。一家大型银行的首席执行官问："你有这本书的一页纸摘要吗？"我没有！在一个关于可视化展示和简单一页纸报告的董事会讨论中，我却没有准备这本书的一页纸摘要。对于我来说，这是一次冲击。

这位银行首席执行官后来邀请我和银行行长坐下来一起讨论OPPM如何简化他们银行的项目沟通。是的，用一页纸说明OPPM是那次会议的一部分！

图A.1是传统项目的OPPM。它展示了5个基本组成部分、12个创建步骤和5个报告步骤。

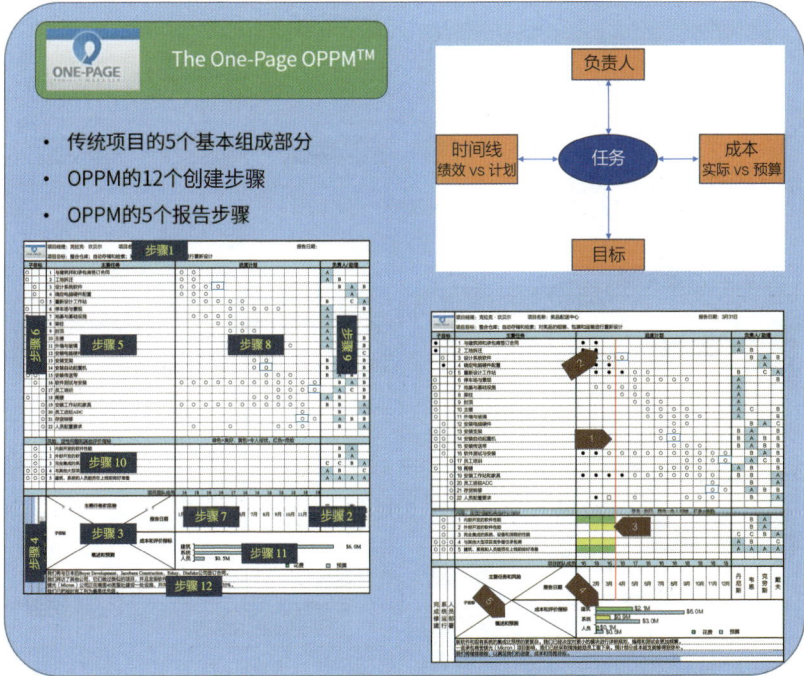

图A.1 传统项目的OPPM
版权所有：OPPMi2012

图A.2是敏捷项目的OPPM。它展示了5个基本部分、12个创建步骤和7个报告步骤。

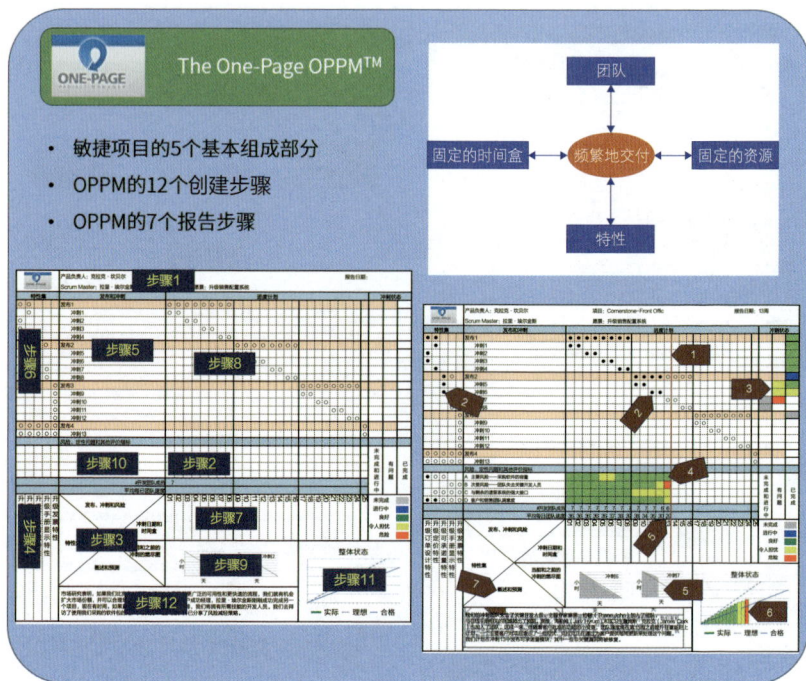

图A.2　敏捷项目的OPPM
版权所有 OPPMi2012

　　这些图与本书中的许多其他图一样，可以在**OPPMi**官网上免费下载。该网站还提供可下载的**OPPM Excel**模板，只需支付少量费用。最后，在这个网站还可以获得**MyOPPM**，可以实现从创建、存储、检索到OPPM更新的一步步引导。

OPPM与PMBOK

PMBOK是《项目管理知识体系指南》（*A Guide to the Project Management Body of Knowledge*）的缩写。PMBOK最初在1987年以白皮书的形式出现，第一版于1996年出版。项目管理协会（PMI）将PMBOK描述为"项目管理职业的公认标准"。PMI进一步指出，它"为管理单个项目提供指导。它定义了项目管理的相关概念，并描述了项目管理生命周期和相关过程"。

通过本附录，我们希望为所有经验水平的读者提供一个关于PMBOK的简单介绍。我们还将深入探讨沟通管理，展示OPPM如何与PMBOK流程和知识领域完美对齐，同时提高沟通效率。

PMI使用了"过程"这一概念支持的全面相互关联的框架，展示了对项目和项目管理的看法。过程是一组为了完成可交付物而执行的相互关联的活动。过程通过将各种工具和技术应用于一系列输入而产生输出。输入—工具和技术—输出（ITTO）过程模型（见图B.1）是PMBOK的基本构建块（当前PMBOK以项目管理和绩效域为整体框架，ITTO过程模型目前已经被写进PMI的《过程组：实践指南》中。——译者注）。

PMBOK包含五大过程组，十大知识领域，共49个过程，这些过

图B.1　ITTO过程模型

程在项目的各个阶段重叠和相互作用。前一个过程的输出成为后一个过程的输入，其输出随后为后续过程组提供输入，如此不断循环（见图B.2）。项目经理必须与他们的项目团队合作，确定哪些过程适用于他们的特定项目。

项目管理的组成部分
项目管理协会（PMI）
依据:《项目管理知识体系指南》

图B.2　PMBOK过程组

PMBOK的五大过程组:

- 启动——定义项目并确保项目得到授权。

- 规划——确定范围并定义实现它的行动。

- 执行——执行工作以交付计划。

- 监控——跟踪进度和处理变更。

- 收尾——结束活动并正式关闭项目。

过程组帮助我们理解项目是如何从启动过程组开始、以收尾过程组结束的。规划和执行在启动后进行，并在项目中迭代，而监控过程组则贯穿整个项目。

项目管理有十大知识领域。在这里，过程与成功运行项目所需的各种执行和管理技能相一致。

通过将49个过程中的每一个放入它们各自的过程组和知识领域，我们就有了一个极其简单的框架，可以看到高度可视化项目管理的全貌。

OPPM可以成为49个项目过程中大多数过程的重要组成部分。然而，沟通管理是OPPM可以直接提升项目管理绩效的知识领域。沟通管理包括5个特定过程，分布在5个过程组中的4个。

OPPM 和沟通过程

1. 识别干系人：参考项目章程和事业环境因素，项目团队进行干系人分析，以识别关键干系人，然后制定干系人管理策略。

OPPM应用——OPPM以足够且高效的细节记录和沟通项目计划。对项目有清晰了解的干系人能更好地支持项目工作。通过思考OPPM的创建和报告步骤，有助于识别不同干系人的利益。

2. 规划沟通管理：在识别了干系人并掌握了干系人管理策略后，团队分析沟通需求。这个过程使用沟通技术、沟通模型和沟通方法来制订沟通管理计划。

OPPM应用——人们创建OPPM以反映干系人需求。沟通节奏被确定并内置于OPPM中。在这期间需要确定谁更新和发布OPPM以及分发给谁。对于OPPM读者来说，理解空心圆圈和被涂黑的圆圈及正方形的含义、交通灯颜色的含义是很重要的。

3. 管理干系人参与：了解干系人是谁以及对他们来说什么最重要，项目经理应用有效的沟通方法以及人际和管理技巧来管理干系人的期望。可能会产生各种计划的更新。

OPPM应用——OPPM易于阅读和更改。期望简单明了。干系人的关注点通常在成为问题之前就得到解决。OPPM展示了项目的目标、负责人、进度、范围和其他计划。坦白说，干系人喜欢OPPM，因为他们可以随时在一页纸上了解项目信息。

4. 报告绩效：依据输入的工作绩效和预测的范围、进度和成本，以及质量和风险，团队准备项目状态报告。

OPPM应用——OPPM本身就是绩效报告。它显示了成本、任务、进度和风险的计划与实际对比。OPPM本身难度不大，也不会很耗时，干系人可以很容易地理解它。

5. 发布信息：引用PMBOK，"绩效报告用于发布项目绩效和状态信息，应尽可能精确和及时"。

OPPM应用——OPPM可以快速准备，因此是最新的。OPPM是精确且及时的。OPPM可以轻松地以印刷和数字格式发布，并且可以在网上和视频会议中清晰引用。

最后一点思考。PMBOK中列出了项目沟通活动的各种维

度，如下所示。现在你已经读完了本书，不妨想一想OPPM如
何在每个维度提供极其简单的解决方案。

- 内部（项目内）和外部（客户、其他项目、媒体、公众）。
- 正式（报告、备忘录、简报）和非正式（电子邮件、临时讨论）。
- 层级（向上沟通、向下沟通）和横向沟通（与同级）。
- 官方（通讯、年报）和非官方（非正式沟通）。
- 书面和口头。
- 口头和非口头（语调、肢体语言）。

致谢

在前三本"一页纸项目管理"系列图书中,我们感谢了那些做出基础性贡献的人。此外,我们还特别感谢以下各位的洞察力、贡献和支持:

艾伦·霍洛维茨(Alan Horowitz)——我们的朋友、作家、批判性思想家。

劳伦·埃尔金斯(Lauren Elkins)——敏捷顾问和敏捷专家。

迈克尔·O. 莱维特(Michael O. Leavitt)州长——预言家,一页纸项目管理的革新者。

贾里德·斯托特(Jared Stout)和史蒂夫·惠普尔(Steve Whipple)——国际贡献者。

拜伦·特里(Byron Terry)——微软Excel专家。

埃里克·索科尔(Eric Sokol)和乔治·门茨(George Mentz)——营销专员和认证专员。

香农·瓦戈(Shannon Vargo)、底波拉·辛德勒(Deborah Schindlar)、艾兰娜·舒曼(Elana Schulman)、约翰·威利父子出版公司(John Wiley & Sons)的团队。

感谢特雷西（Tracy）、安妮（Annie）、艾玛（Emma）、阿贝（Abe）、珍妮（Jane）、凯特（Kate）、克里斯（Chris）、卡伦（Karen）给予迈克（Mick）的信心和灵感。

感谢梅瑞狄斯（Meredith）、马乔里（Marjorie）及家人给予克拉克（Clark）的帮助和鼓励。

最后，要感谢日益增多的一页纸项目管理的用户，无论是公司还是个人，感谢你们在制订项目计划及对项目绩效进行沟通时的通力合作、灵活运用及最佳实践。